一流と日本庭園

生島あゆみ
Ayumi Ikushima

CCCメディアハウス

はじめに

私は、英語・フランス語の通訳を行い、京都を中心に庭園ガイドをしています。アメリカ、カナダ、オーストラリア、フランス、ベルギー、オランダ、イギリス、スウェーデン、イスラエルなどお客様のナショナリティは色々です。

2018年の来日者数は過去最高記録の3119万2千人、2013年が1036万人だったので、5年のうちに約3倍増加したことになります。注目すべき点は、日本を訪れた外国人観光客の満足度が93・3パーセントで、6割の人がリピーターとなっていることです。

「リピーターのお客様は、次にどのようなツアーを好まれるか?」

10年前から熟考し、日本庭園の重要さに気づき、個人の旅行者向けに「ガーデンスペシャルガイドツアー」を行っています。午前中は、時代やタイプの違う庭園を観ていただき、昼食時の会話の中でお客様がどのような庭をご覧になりたいのかを判断し、午後はお客様の好まれそうな庭園を選んでお連れします。また、季節によって庭の良さも変わってきます。天気によっても変わります。あらゆることを考慮して、ベストだと考える庭にお連れして、オーダーメイドのようなツアーを提供しています。

お連れした方々の職業も、様々です。会社社長、弁護士、医師から、建築家、カメラマン、画家、アーティスト、ランドスケープアーキテクト、ガーデンデザイナーなどなど。それぞれに独特の目線で庭を観られるので、私も大変、勉強になります。

最初は、歴史や庭の理論をしっかり伝えなければと考えていました。また、室町時代などに造られた古い庭園に、より価値があると思っていました。しかし、実際にお客様が庭を観て感じられること、気に入られること、質問されること……、本当に様々だということに気づきました。

そして、いっそう、お客様が庭と対峙されているときの反応を注意深く観察するようになりました。

そういう経験を積み重ねるうちに、私自身の庭の見方も変わりました。

まず、「どうして」という疑問を持つようになりました。「なぜ」「もしかしてこうかな」、

「いや、こういう考え方もある」などです。まるで、庭園相手に「禅問答」をしているようです。でも、ふと自分なりの正解が、風とともにやってくるときがありました。また、庭の石が答えてくれることも……。変な言い方ですが、庭と会話ができるようになりました。

もちろん、尊敬する作庭家や造園会社の社長、ご住職達から、たくさんのことを教えていただき、新たな発見や新たな疑問を得ることも多々ありました。つまり、私自身の庭園との対峙の仕方が変わってきたのです。

ただ、常に謙虚な姿勢を忘れてはいけないと思います。色々な解釈があって、本当のことは、庭を造った人にしかわかりません。その方達はすでに彼の世に逝かれ、直接お話を聞くことはできません。固定観念に執着することはやめました。

柔軟な頭でもって庭を観ると、自分の人生にプラスになるような気がしました。そしてついに気がつきました。「庭園は私をハッピーにしてくれる」。

今回、出版に際し「なぜ、一流とされる人達は成功を手に入れた先に、日本庭園にたどり着くのか」をテーマに据えたとき、これは大変な作業だなと思いました。庭園そのものだけではなく、成功者達の人生を見つめたうえで、庭園との結びつきを理解する必要があるからです。人選、庭選びも大変でした。

本書のための調査方法でもっとも役に立ったのは、リストアップした庭に直接、足を運び、時間をかけて取材したことです。

庭を自分の目で観るのではなく、成功者達が、どのような気持ちで庭を好きになったのか、あるいは庭を造ったり、手を入れたりしたのか……。この作業はすごくためになりました。「自分と違う他の人の気持ちになり、庭を観てみる」ことは「庭を俯瞰して観る」ことです。つまり、広い視野をもって客観的な視点で、庭園を観ることに繋がるからです。

また、記録を求めて、可能な限り、成功者の伝記や著書を読み研究しました。

そして、ようやくこの本を書き終えることができました。協力していただいた皆様に感謝を申し上げます。私は庭に育てられたと思っていますので、これからは、恩返しとして、庭を育めるように精進していきたいと思います。

私は造園家でもないですし、木の剪定の技術も持ち合わせていません。植物の名前を全てラテン語で答える才能もないですが、ガイドとして多くの方々に日本庭園の良さを知っていただき、庭園ファンを増やしていくのがお役目だと思っています。

日本庭園は、日本人の魂の拠り所だと思います。色々な季節や時間に訪ね、心静かに季節の移ろい、時間の経過を感じてください。

そして、この本を持って行かれることをお勧めします。成功者の気持ちになって庭を観てください。庭を俯瞰して見つめてください。あなたの人生について、庭は何を話しかけるでしょう。

「庭はあなたの鏡です」「長い年月をかけてできた庭は、宇宙の生命体です。そこに立って、自分は宇宙の一部として生かされていることを感謝してください」。さらに、「リボーン（再生）、つまり死ぬことの恐怖から解放され、自分を生まれ変わらせる（リセット）ことが大切です」。こうした言葉は、今回の取材を通して得た、御住職の方々の名言です。

最後になりましたが、本制作にあたり御協力いただきました植彌加藤造園株式会社の社長はじめ担当者の皆様、黄梅院の御住職、酬恩庵一休寺の御住職、副住職、西芳寺の担当者の方、作庭家の重森千青先生、京セラ株式会社関係者の方々、文章チェックの生島靖氏、英文チェックのMs.Penni-anne Bricker、プロデューサーの山本時嗣氏、編集者の山崎みお様、牛島暁美様（ＣＣＣメディアハウス）に心より感謝致します。

『一流と日本庭園』目次

はじめに　I

読む前に知っておきたい庭園知識　II

第一章　禅と瞑想　29

一休禅師（1394年〜1481年）と虎丘庭園（京都）　35

宮本武蔵（1584年〜1645年）と本松寺庭園（明石）　48

スティーブ・ジョブズ（1955年〜2011年）と西芳寺（京都）　61

夢窓疎石（1275年〜1351年）と瑞泉寺（鎌倉） 76
［column］庭園史における最重要作庭家とその名庭

第二章 権力の象徴

91
空海（774年〜835年）と神泉苑（京都） 97
足利義満（1358年〜1408年）と金閣寺（京都） 111
豊臣秀吉（1537年〜1598年）と醍醐寺三宝院（京都） 125
岩崎彌太郎（1834年〜1885年）と清澄庭園（東京） 138
［column］庭園史における最重要作庭家とその名庭
小堀遠州（1579年〜1647年）と南禅寺金地院（京都） 150

第三章　もてなしの形　163

千利休（1522年〜1591年）と大徳寺黄梅院（京都）　169
水戸光圀（1628年〜1700年）と小石川後楽園（東京）　180
ブルーノ・タウト（1880年〜1938年）と桂離宮（京都）　191
稲盛和夫（1932年〜）と和輪庵（京都）　205
｜column｜　庭園史における最重要作庭家とその名庭
七代目小川治兵衛（1860年〜1933年）と無鄰菴（京都）　216

第四章　美意識の追求　229

川端康成（1899年〜1972年）と祇王寺（京都） 234
エリザベス女王二世（1926年〜）と龍安寺（京都） 246
デヴィッド・ボウイ（1947年〜2016年）と正伝寺（京都） 258
安藤忠雄（1941年〜）と本福寺（淡路島） 269
｜column｜ 庭園史における最重要作庭家とその名庭
重森三玲（1896年〜1975年）と東福寺方丈（京都） 280
参考文献 291

読む前に知っておきたい庭園知識

庭に関する歴史や特別な用語を知っておくと、本書をより深く理解することができます。ここでは、本文を読み進めるために必要な用語を中心に解説します。

日本庭園の歴史

日本庭園の起源はいつどんなものだったでしょうか。『図解雑学 日本庭園』（重森千青著）の中には以下のように記されています。

日本で庭園が作られた最古の記録は、『日本書紀』推古20年（612）に記された、百済《くだら》からの渡来人「路子工《みちこのたくみ》」によるものである。皮膚病のため島流しを言い渡された路子工は、自らの作庭の才能を訴えたことで許され、南側の庭に須弥山や呉橋《くれはし》を作ったという。（中略）内陸部の大和朝廷において、大海を模した池泉と、急峻な山岳のような石組が同時に観賞されるようになった。

日本庭園は、時代とともに内政、国外の影響を受けながら変遷しています。その歴史を簡単に紹介しましょう。

【上古時代】中国から「園林《えんりん》」という庭のスタイルが伝わる前に、儀式などに使用される場としての神池《しんち》、神島《しんとう》、また古墳などに、池泉式庭園の原形がすでに日本に生まれていました。一方、磐座《いわくら》、磐境《いわさか》など、神々が降臨した依り代を神聖な場所として、石を祀る風習がありました。

【飛鳥・奈良・平安時代】貴族の邸宅のための広い池泉式庭園「寝殿造《しんでんづくり》庭園」が造られました。広い池の中で、船頭に龍や鳳凰《ほうおう》が飾られた舟に乗って観月をしたり、曲がりくねった川の縁のあちこちに座って、盃をのせた小舟が来るまでに歌を詠んだりする「曲水の宴」という、貴族の遊びが催されました。平安時代に、末法《まっぽう》に入ると仏教が衰えるという「末法思想」が流行し、阿弥陀仏《あみだぶつ》が住む極楽浄土を庭に表現する「浄土式庭園」も造られるようになりました。

【鎌倉時代】禅宗が広がり、修行の場を兼ねた庭園が造られました。厳しい山岳の風景が好まれる傾向にありました。

【室町時代】水のない石組だけの枯山水が、禅寺の庭に造られるようになりました。応仁の乱で京都は荒廃したので、より狭い土地に低予算で造ることのできる庭として枯山水が脚光を浴びるようになったのです。また、武家の建物を書院造《しょいんづくり》と言い、書院の着座の位置から観賞するための庭「書院造庭園」も、発展していきます。

【安土桃山時代】池泉も枯山水もともに豪華な庭園が造られる傾向にありました。一方で、千利休により、茶室に向かうための露地《ろじ》が確立されました。

【江戸時代】広大な池泉庭園に、様々な意匠が石組や植栽を使って表現されました。「大《だい》名《みょう》庭園」が代表で、これを主に「池泉回遊式」と呼んでいます。

【明治から昭和にかけて】西洋文明化とともに、仏教的意味合いを取り去り、自然の景色を楽しむ庭園、また西洋庭園のような「公園」が造られるようになりました。電動ポンプを使って、場所を問わず池泉庭園の水を確保できるようになりました。一方で、デザイン性を重視した新しい概念の枯山水庭園も登場しました。

庭の種類と観賞法

日本庭園は、大きく分けて三種類の庭があり、いずれも自然の風景を手本としています。

【池《ち》泉《せん》庭園】自然の風景を愛で、その美しい景観を縮小したものを表現した庭です。もともと平安時代の貴族が、邸宅の広い敷地に池や土を盛った築山《つきやま》を築き、舟を浮かべて楽しんでいました。不老長寿を願う石組を配置したり、池や島々によって自然の海洋風景を再現したりしました。池泉式は自然の風景に思いを馳せて造られた縮図型です。瀬戸内海に浮かぶ島々や、日本アルプスの滝の流れる渓谷を、日本庭園のように美しいと感じますが、もともとはこのような美しい自然の景色が、日本庭園に反映されているのです。

【枯山水庭園《かれさんすい》】水を使わず、白砂などで水を表現したもので、日本特有のもの。白砂は、もともと南側に敷き詰められ、太陽や月の光を反射させて建物内を明るくする、間接照明の役目がありました。また、清めの意味もあり、住職の交代時の特別な儀式などに白砂を敷きつめた場所が使われていました。禅宗の発展とともに、水の代わりに砂や石で滝や急流を表したり、大きな岩を立てて山岳を表す「枯山水」スタイルが確立されました。厳しい自然をモチーフにすることにより、禅の精神性を説いています。平安時代に書かれた庭園造りの教科書とも言われる『作庭記』にも枯山水の記述はありますが、現存する枯山水最古のものは、室町時代初期に夢窓疎石によって造られたとされる「西芳寺」の枯滝です。初期は池泉式の庭の一部に枯山水が表現されましたが、応仁の乱で都が衰退したのち、禅寺がいくつもの塔頭に分割されました。それに伴い作庭が容易な枯山水が、禅寺の「方丈」の四方に造られていきます。こちらも自然を砂や石で表した縮図型です。また、枯地式枯山水とは、水を使わないで枯池を造ったもので、雨水で水が溜まることがあります。

【露地《ろじ》】茶室に入る前に、口や手を清めて、心静かに茶室に入るための庭です。千利休以後、茶室の庭として発展していきました。清めるための蹲《つくばい》や、夜に明かりを灯す燈籠《とうろう》が設置されています。利休が露地に求めた「市中山居《しちゅうさんきょ》」とは、街中にいながら自然の山間を歩いているように感じる、侘びた風情のことです。多くは外露地と内露地に二分され、客人は歩いていくうちに徐々に心を静めて、茶室に入る準備をします。茶室のための庭園

「露地」だけは、自然の縮図ではありません。

日本庭園の観賞法も三種類です。

【舟　遊式《しゅうゆうしき》】舟から庭を鑑賞します。舟に浮かぶ感覚と、景色を低位置から観られる楽しみがあります。私も、高松の栗林公園で体験したことがありますが、石組が池の内側から観られるなど、異なる視野が広がります。

【回遊式《かいゆうしき》】池や築山の周りを歩いて回る観賞法です。歩くごとに視点が変わりますが、庭の中の自然の風景は、借景としての裏山や水のほとりなど、場面場面で変化を楽しむことができます。季節、時間、日の差し方、天気でも様子が変わります。回遊式林泉庭園とは、池の周りの陸地部分が起伏に富んでいて、趣向を凝らしたより特徴的な庭園を指します。

【座《ざ》観《かん》式《しき》】屋内から庭を眺めます。普通、縁側に座り、庭の近くから観るのがいいと思われがちですが、私は庭と少し距離をとった屋内の奥から、座って庭を観るようにしています。開いた障子の枠を使い、庭を切り取るように観ると奥行きが出ます。これを、額縁効果と言います。位の高い人がどこに座るように造られているのかを把握し、その位置からの庭への目線を気にするようにしたら、最高の景色が見つかる場合があります。

知っておきたい庭園用語

本文にも頻繁に登場する庭園用語を紹介していきましょう。

【三尊《さんぞん》石組《いしぐみ》】平安期に書かれた庭の教科書『作庭記』では、「石をたつるに、三尊仏の石ハたち品文字の石ハふす、常事也」とあります。三石並べるのがバランスの良い石の据え方で、三尊石は立石（立てた石）を使って、中心の高いものを「中尊石」、両脇のものを「脇侍《きょうじ》石《せき》」と言います。その石組が、仏像が安置されている形態に似ているので、三尊石と名付けられました。仏像の場合は、釈迦如来と文殊・普賢菩薩、阿弥陀如来と観音・勢至菩薩、薬師如来と日光・月光《がっこう》と配置されています。

【七《しち》・五《ご》・三《さん》石組《いしぐみ》】現存するものでは室町時代が最古のものです。もともと、奇数は「陰陽」の「陽」の数です。特に、七、五、三はめでたい数として使われていました。石を、七、五、三と配置させて、蓬莱《ほうらい》神仙の世界観を表したとも言われています。

【蓬莱《ほうらい》神仙《しんせん》石組《いしぐみ》】道教では、「蓬莱島」という、仙人が不老不死の秘薬を作って暮らしている理想郷があるとしています。その蓬莱島は、大海原（今の渤海）に突如現れたとされています。中国・漢の時代に流行った道教の伝説で、秦の始皇帝もこの不老不死の妙薬を求め船を出しますが、近づいては消えたりを繰り返したので、鼇《ごう》という亀のような巨大生物が、甲羅の上に蓬莱山を乗せて動いていたのではとも言われていました。最近の研究では、それは蜃気楼だったのではないかとも言われています。その蓬莱島の中心になる蓬莱石組(蓬莱山)が、いつから日本に取り入れられたのかはわかりません。蓬莱山は、不老不死のシンボルだけれども、近寄り難いということで、庭の奥、建物などから観て、池や枯山水の対岸に近寄り難い厳しい面持ちの石組を据えて表現されます。蓬莱島以外にも、「四《よん》神仙島《しんせんとう》」として、方丈、瀛州《えいじゅう》、壺梁《こりょう》の全島を表現している庭もあります。また、蓬莱山には、仙人の住む洞窟(洞窟石組)を表現しているものもあります。蓬莱石とは、蓬莱石組の一番高い中心の石を指します。

【鶴亀石組】蓬莱石組とセットで、鶴島、亀島が表現されている庭が多くあります。こちらも道教からきていて、「鶴は千年、亀は万年」生きると言われていることから、長寿のシンボルでした。鶴島は、「鶴首石《かくしゅ》」や「羽石《はねいし》」が特徴で、これらの組み合わせを「鶴石組」と呼びます。亀島は、「亀頭石《きとう》」や「亀脚石《ききゃく》」などが特徴で、これらの組み合わせは「亀石組」と呼びます。甲羅の部分には常緑樹でめでたい松の木などが植えられています。

【舟石《ふないし》・夜泊石《よどまり》】どちらも蓬莱島に付随する石組です。舟石とは、舟の形をした石のことです。自然の石が使われていることもあります。不老不死の薬や財宝があると言われていた蓬莱山に向かっているものは「入舟」、そして蓬莱山という理想郷で宝を持ち帰り、山と反対の方向を向いているものを「出舟」と言います。入舟より出舟のほうが、荷物が重くて少し沈み気味に表現しているとも言われています。夜泊石は、飛び石のような数個の石が一列または二列に、蓬莱山の方角に向かって配置されたものです。蓬莱山に向かっている船団が、夜の間停泊している姿を表しています。

【須弥《しゅみ》山《せん》石組《いしぐみ》・九山《くさん》八海《はっかい》】蓬莱山、鶴島亀島が道教からきたのに対し、須弥山は仏教からきています。仏教の世界観で、須弥山は世界の中心をなす山です。大きさは十六万由旬《ゆじゅん》、179万2千キロメートルで、月までの距離の4・6倍だそうです。頂上には、帝釈天の宮殿があり、周囲を月と太陽がめぐっているのです。九山八海は、須弥山の周りに八つの山と八つの海があり、須弥山を足して、九つの山と八つの海が存在するということを指します。庭によっては、須弥山と蓬莱山の両方を意味していることもありますが、須弥山だけの場合、一つの石が際立って高く先がとんがった立石が据えてあります。須弥山以外にインドの南方に、観音菩薩の住んでいる「補陀落山《ふだらくさん》」という八角形の山があるとも言われていますが、この山を表すときは、それほど石を高く立てていません。

【滝石組《たきいしぐみ》・龍門瀑《りゅうもんばく》】奥深い自然の地、深山幽谷《しんざんゆうこく》の中の滝を表す石組を滝石組と言い、枯山水の場合は「枯滝《かれたき》石組」と言います。鯉の形をした「鯉魚石《りぎょせき》」が、まるで滝を登るように配置したものを龍門瀑と呼びます。これは、「登龍門」とも言い、「鯉が激流の滝を登りきると龍に化身し天に舞った」という中国の説話からきています。禅宗では、「日々の厳しい修行で、悟りを得ることができる」ことを意味しています。

【橋石組《はしいしぐみ》】現存する最古の橋石組は、天龍寺にあります。平べったい自然石が使われています。三橋で設置されており、これは現在、過去、未来を表すという説もあります。また、木橋、土橋、石橋を三橋に含める庭もあります。安土桃山時代以降、切り石の技術が徐々に発展して、花崗岩を加工した切石橋が使われるようになります（それ以前は自然石が使われていました）。アーチ型の橋を反り橋と言います。

【玉潤流《ぎょくかんりゅう》・遠山石《えんざんせき》】宋の玉潤による水墨画の手法からきていて、通常、低い位置に架ける橋を、滝の上部に架けることを玉潤流と言います。遠景に置く小さめの石を遠山石と言い、さらに奥行きを出す役目をします。

【座禅石・礼拝石《らいはい》】座禅石は庭の築山あたりに存在します。座禅のための立方体の石で、そこに座ると新たな目線で庭の風景を鑑賞することができます。礼拝石は「遥拝石《ようはいせき》」とも言い、長方形の平べったい石になります。池泉の手前や建物の前に設置されています。拝むべき社や仏像に向かって、跪《ひざまず》くための石です。

【水分石・景石・名石・奇石】水分石は、川、池、滝に配置して水の流れを分ける石。枯山水にも使われることがあります。景石は風趣を添えるために随所に配した石で、伊豆磯石（安山岩）、生駒石（花崗岩）、紀州青石（結晶片岩）、佐渡赤玉石（チャート）、仙台石（粘板岩）などがあります。また、石を用いた景物として燈籠、層塔《そうとう》、水鉢、石碑、石仏群などが挙げられます。名石は、庭の特別な場所に置く謂れのある石。藤戸石も名石の一つで、天下取りの石とも言われています。奇石は、奇妙な形をした自然石です。例えば、中国庭園によく使われている立石で穴が空いてボコボコして特徴ある石を太湖石と言い、それに似通った石が日本庭園に使われていることもあります。

【陰陽石《いんよう》】 男女の性器を表す石。江戸時代、大名達が、未来永劫、家が存続するために子孫繁栄を願い、大名庭園に飾りました。

【壺庭《つぼにわ》】 江戸時代に裕福な商人達が、店や住居の建物の間に造ったとされています。狭い空間に造る庭で、特に京都の町家では、「うなぎの寝床」と言われる長い建物の中間に壺庭が造られています。

【借景式庭園《しゃっけい》】 周囲の高い山々を庭の一部として、景色の中に取り組むことを借景と言います。山だけでなく、大きな建造物を使う場合もあります。借景を重要な部分とする庭を借景式庭園と言います。

【縮景式庭園《しゅくけい》】 自然の風景を真似ることです。日本や中国の景勝地を真似てそのミニチュア版を庭に築くことは、旅を容易にできなかった位の高い人達の気持ちの安らぎとなりました。

知っておきたい日本庭園の意匠

【滝組】 池泉式の庭園で、滝は自然風景を描写するのに最も効果があります。滝の形や水の落とし方は、確保できる水量で決まると言われています。滝の効果は視覚だけでなく、聴覚も楽しませてくれます。平安期に書かれた『作庭記』には、滝の造り方が詳細に記されています。特に、「水落石《みずおちいし》／中央の水の落ちる石」、「滝添石《たきぞえいし》／滝を池に導く石」などが重要です。

【護岸石組《ごがんいしぐみ》】 池の島や半島の土台となる部分の水際に、大小の石を据えることを指します。庭園技法として歴史は古く、高い島を築くため汀《みぎわ》（池と陸地が接しているところ）の土留《つちど》めの役割を果たします。一方で、自然風景の意匠（デザイン）として、庭園のアクセントにもなっています。

【出島《でじま》】 池に張り出す半島のこと。島とのコンビネーションで池の海洋表現をよりリアルなものにします。半島を手前にして池泉を観ると、奥の島や石組などに奥行きを感じます。これは、日本絵画にもよく見られる遠近法と同じ手法です。

【州浜《すはま》】 砂利や角のない丸い小石を使って、砂浜を表現します。池の岸が穏やかな表情になります。一方、「荒磯」は、出島の先に荒い石を置き、波風が強い岩場を表現するものです。

【砂紋《さもん》】白砂を使って、水を表現する「見立《みた》て」の技法で、日本特有です。白砂をより水のように見せる工夫として、砂紋が生み出されました。特別な道具を使って、砂紋を引き、川の流れや大海の波を表現します。足跡をつけず砂紋を引くので、計算された動きが必要です。特に直線は集中して引かなければならず、容易ではありません。そのため、禅の修行の一貫ともなっています。

【垣根《かきね》】大きく分けて、生垣、石垣、竹垣があります。生垣は植栽で垣根を造ります。常緑樹では、ツバキやサザンカなど、低木ではサツキやツツジが使われています。数種の樹を混ぜ植え込まれたものもあります。石垣は、石を積んだもので、城廓に見られます。安土桃山時代は切り石の技術がまだ発達しておらず、初期の頃は自然石を集めて組まれた野面積《のづらづみ》がありました。当時の熟練者が積み上げたもの、例えば滋賀県の「穴太衆《あのりしゅう》」が積んだ「穴太積《あのうづみ》」は、何よりも強く地震にも耐えうるものでした。竹垣は竹を組んだもので、金閣寺、龍安寺、銀閣寺など、寺によってその組み方が異なり、意匠として装飾的に使われました。桂離宮の竹垣は、生きた竹を倒して、竹先を編み込んだものです。

【剪定《せんてい》・刈《か》り込《こ》み】「剪定」は樹々を刈り込んで、成長を調節したり形を整えたりする作業です。特に、赤松の剪定は最も難しいとされています。熟練の植木職人は、枝先がどのように成長するかを見越して、不必要な葉を手で取り除く作業をします。ですから、まるで盆栽のように技巧を凝らした美しい姿となります。「刈り込み」は、特にサツキなど灌木《かんぼく》類《るい》を寄せ植えし、まるで山々がうねるように見せる技法のことです。

【燈籠《とうろう》】もともとお祀りしている神仏に向けて、中心に一基だけ据えるものでした。やがて、例えば神社の式年遷宮のときなど、夜に神々が引越しをする際に明かりを灯し、道を示す役割も担いました。その後、千利休によって茶室に向かう庭（露地）に使われるようになりました。石燈籠の傘の部分が、八角、六角、四角、あるいは金属製のものが美しい燈籠として好まれましたが、だんだん、観賞用とするユニークな形の「庭燈籠」が造られました。露地だけでなく、庭園や壺庭にも活用されていきました。形が特異な燈籠や謂れのあるものを、「名物燈籠」と呼びます。

【蹲《つくばい》】低く据えられた「手水《ちょうず》鉢《ばち》」に入った水を、手や口を清めるため、蹲《つくば》って使用したことからきた言葉です。蹲は、手水鉢以外に、背後に据えられた「鏡石」、しゃがむために置かれた「前石」、冬に湯桶《ゆとう》を置くための「湯桶石」、夜に手元を明るくするため燭台を置く「手燭《てしょく》石」などを一セットとします。燈籠の胴の部分を見立てた手水鉢も、珍しい意匠として使われています。

【敷石《しきいし》】「延段《のべだん》」とも言われ、石を敷き詰めた通り道です。石と石の間を「目地」とし、漆喰を塗り込んだりしています。切石のみ使われたものを「真《しん》」、切石と自然石を半々に使ったものを「行《ぎょう》」、自然石のみのものを「草《そう》」というように違った構成法があり、デザイン性を広げています。

【飛び石・沢飛び石】 平たい丸石（正方形の場合もある）が、歩幅に合わせて点々と置かれ、それを道とします。飛び石を置くことを「石を打つ」と表現します。二連打、三連打、千鳥掛、雁掛《かりがね》など、打ち方に変化やリズムをつけることで、意匠性も出せます。石の色を変えたり、飛び石の中心に石臼の一部を使ったりと色々な工夫をします。水辺を渡るときに、橋の代わりに使ったものは「沢飛び石」。水の流れが身近に感じられ、渡る人と庭を一体化させる効果があります。

【水琴窟《すいきんくつ》・鹿威し《ししおど》】 どちらも水を使って「音」の効果を楽しむ仕掛けです。手水鉢、湯桶石、手燭石などに囲まれた水の流れる窪み「海」の下、地面の底に大穴を掘り、陶器や金属の甕《かめ》を入れ、水を三分の一ほど溜めておきます。「海」に水滴が落ちると反響して柔らかい音を出す仕掛けが「水琴窟」です。一方、水が一定量溜まると竹筒が傾いて水が落ち、軽くなった反動で竹筒の底が石に当たって音を出す仕組みが「鹿威し」です。もともと、田畑を荒らすイノシシなど獣を追い払う道具でしたが、庭に一つの風情として使われるようになりました。

【沓脱石《くつぬぎ》・関守石《せきもり》】 「沓脱石」は、建物の前に置かれた大きく平たい石で、室内に入るときに使われます。一段上がって、そこに履物を脱ぎます。昔は、平たく水が溜まらない大きな自然石が置かれていましたが、今はそのような石を見つけるのは難しいです。「関守石」とは、丸い安定感のある石（ゴロタ石）に黒く染められたシュロ縄を十文字に結んだものです。飛び石や敷石上に使われ、そこから先は立ち入ってはいけないという結界の意味を含んでいます。

【中門《ちゅうもん》・腰掛待合《こしかけまちあい》】「中門」は、茶室に向かう外露地と内露地の間にある門で屋根付きのものから、竹で組んだ簡素なものまで色々です。「腰掛待合」は、茶会の客人が亭主の合図を待って茶室に入る前に、待機する場所です。簡素な造りの四阿《あずまや》で、腰かけて待ちます。昔は外露地にあるものを「腰掛」、内露地にあるものを「待合」と分けていたそうですが、今はまとめて「腰掛待合」と呼んでいます。茶室の蹲で手と口を清めると、茶室の外側に「刀掛け」があり、武士は刀を外に置いて、「躙《にじ》り口《ぐち》」から身をかがめて入ります。これは、茶室の中では、人は平等であることを説いています。

建築様式

【寝殿造《しんでんづくり》】平安時代に完成された貴族のための住居。南に面した寝殿が中心になり、西、東、北に対屋を設け、それらと寝殿を廊下で結んでいます。南に池を築き、釣殿《つりどの》を設けることもありました。蔀戸《しとみど》（吊り戸）、妻戸（開き戸）が特徴的です。

【書院造《しょいんづくり》】室町時代から近世初頭にかけて成立した武家のための住居です。書斎と居間を兼ね備えた書院中心で、主人の寝る御寝所《ぎょしんどころ》、夫人用の居間である御上《おうえ》、接客用の対面所などがあります。書院の中の床の間には、違い棚があるのが特徴的です。

【数奇屋造《すきやづくり》】茶室建築の手法を取り入れた住宅様式のことで、草庵風の丸太や土壁などの意匠を取り入れ洗練された造りです。安土桃山時代は、茶室のことを数奇屋と言っていましたが、江戸時代になってから、桂離宮など住宅にも取り入れられました。

第一章　禅と瞑想

西芳寺（京都）

成功者と日本庭園の関係を紐解くために、四つのカテゴリーを考えました。

1 禅と瞑想
2 権力の象徴
3 もてなしの形
4 美意識の追求

この四つの区分に対して、四人の成功者と一人の作庭家を選んでいきました。

もちろん、庭を愛でたり作庭したりするときに、厳密にこの四つに分けられるという意味ではありません。この四つの要素が複雑に絡み合い、出来上がった場合の方が多いのです。本書は、それぞれの視点に注目して庭を観ていきたいということで分類しました。

第一章は、「禅と瞑想」として、三人の成功者を選びました。まず一人目は、室町時代の一休宗純《いっきゅうそうじゅん》。彼は、京田辺市の薪《たきぎ》村の虎丘庵というところで、晩年の一時を過ごしました。ここには、室町時代特有の素朴で控えめな庭がありました。一休禅師に参禅した茶道家・村田珠光が造った庭だと言われています。禅と文化が繋がったとき、どのような庭ができたのでしょうか。

二人目は、宮本武蔵です。宮本武蔵は剣術家としては有名ですが、作庭していたことはあまり知られていません。宮本武蔵が造った庭を実際、目にしたとき、彼の人となりがわかったような気がしました。武蔵は安土桃山時代から江戸時代まで、剣一本でのし上がった人です。晩年は、九州の雲巌禅寺《うんがんぜんじ》の洞窟にこもり、兵法の極みとされている『五輪 書《ごりんのしょ》』を書き上げました。

三人目は、スティーブ・ジョブズです。アップル社を創業し、パソコンからiPhoneまで、開発に携わりました。製品のデザインに禅の思想を活用させました。禅とのふれあいから、京都が好きになり、庭園を巡っていたことはあまり知られていません。彼が絶賛した西芳寺《さいほうじ》。今は、「苔寺」として有名ですが、創建初期は全く違う風景だったようです。スティーブ・ジョブズのように禅を深く追求すると、庭の観方も違うのかもしれません。

章の最後は、作庭家について紹介します。この章で取り上げるのは、鎌倉時代の終わりから室町時代の初めに生きた、禅宗の高僧・夢窓疎石《むそうそせき》と彼の造った庭です。なかでも鎌倉の瑞泉寺《ずいせんじ》の庭は、夢窓疎石の思想が表現されていると思います。もともと山にあった洞窟を使って、意匠に凝らず、周りの自然環境を有意義に使いながらシンプルに造られています。まさに、夢窓疎石が座禅を実践するために造った庭だというのがわかります。また彼は、修行の過程で、悟りに近づくために庭造りをしました。まさに、禅のための庭園を夢窓疎石は造り続けます。

現代はストレスフルな時代で、たとえばアメリカのグーグル社が「マインドフルネス」という、宗教観を取り去ってただ頭の中を静めてクリアにする瞑想法を、社員に就業中時間をとって実践するように促しています。特別に作られた静かな環境の部屋には、瞑想用のクッションも置かれているそうです。

しかし、真の成功を求めるなら、ただ瞑想するだけでは不十分だと思います。まず、自然の中に身を置くことが大事です。自然の中の静寂は、室内とは空気が違います。自分をリセットするには、ひととき自然に帰ることが大切です。

一度竹藪の中で、一本の竹の根本に頭を近づけて寝転び、仰向けの状態で瞑想するという経験をしたことがあります。頭上にはしっかり伸び上がろうとする竹の姿がありました。竹はまっすぐ伸びているのではなく、一本一本、カーブしながら光のさす天に向かって伸び上がっています。竹の生命力を感じました。

脳科学者によると、「緑色を見ること」は目を休め精神を静める特別な効果があるそうです。また、竹は空気を浄化する役目も持っています。

日本の庭園は、自然を感じるために、自然を自分の身近に持ってくるために、造られたものです。庭園は、禅宗とともに発展してきました。枯山水もその一部です。枯山水は、ただ砂と岩だけで造られたものではありません。その周りには樹木もあり、自然の中に身を置く感覚を促しているのです。

この「禅と瞑想」の章で選ばせていただいた四人に、面白い共通点を見つけることができました。「異端児」、そして「挫折（逆境）」です。また、みなが座禅の達人でした。座禅とは、無の境地の悟りに達するための、修業の一貫としての瞑想法です。

さらに、一匹狼で、社会に抵抗していた面が見受けられます。「長いものには巻かれない」「出る杭でも打たれない」的な発想を持っていたのではないでしょうか。それぞれ、独自の道を自由に果敢に切り開きました。そのオンリーワンの精神と生き方が、後世に多大な影響を及ぼす功績を残しました。

つねに順風満帆というわけではなく、挫折や逆境を乗り越えてきました。苦しいときに必要だったのが、禅という思想だったのでしょう。禅の悟りに近づくために庭園がありました。庭園を静観すること、あるいは庭園を造ることは、自分の逆境を乗り越えるすべだったのだと私は思います。

この四人を通して成功とは何かを考えると「自分の理想に近づくために、ひたすら自分を信じ努力する、そうして後から付いてきた結果」というシンプルな方程式が見出せます。

一休禅師(1394年~1481年)と虎丘《こきゅう》庭園(京都)

一休禅師が後世、過ごしたのが虎丘庵。
庭を愛でながら、文化人を集めてサロンを作り、
能や茶道を広げていった。
こうして、禅と文化が結びつくことになる。

一休禅師

京都府内の南、茶所として有名な宇治市の近くに京田辺市があります。この地に室町時代、一休宗純《いっきゅうそうじゅん》禅師が酬恩庵《しゅうおうあん》に虎丘庵を結び、終の住処としました。まずは、一休と虎丘庭園の関係を紐解いてみたいと思います。

一般的に知られている、幼少期のトンチ好きの聡明な一休さんの話は、江戸時代に後付けされたもので、どうやら、実話ではないようです。あの虎退治も、橋の真ん中を歩くエピソードも……でもこれは、後世にまで語りつがれている一休禅師の人となりの証しなのです。

天皇家の血筋を引きながらも、民家で生まれた一休。若いときには世の中に順応できず苦労し、月日が経つにつれ風変わりな言動で周りの人を驚かせ、愛欲にも自然体、正直で型破りな僧侶になっていきました。戒律でがんじがらめになった社会を嫌う一方で、民衆からは慕われ愛されました。一時、禅寺の中心的存在であった大徳寺に、反抗的な態度もとっていたようです。そうした態度から、「破戒僧」とも言われていました。

禅宗の僧侶でもある西村惠信《えしん》氏著の『日本人のこころの言葉 一休』の中に、一休が書いた漢詩「狂雲集《きょううんしゅう》」と「自戒集《じかいしゅう》」、二つの詩集のことについて記されています。

――彼の師匠であった近江《おうみ》堅田《かただ》祥瑞寺《しょうずいじ》の華叟宗曇《けそうそうどん》という人も、若いとき大徳寺で熱心に禅の修行をした人ですが、近江堅田に住んでからは反大徳寺の姿勢を貫いた人でした。

その師匠からさえ、「風狂」(変わり者)呼ばわりされた一休ですから、彼は折紙付のアウトロー(無法者)であったのでしょう。一休も自分のことを「風狂子」と署名し、その詩集を『狂雲集』と名づけているくらいです。

もう一つの詩集『自戒集』にしても、その内容は自分を戒めるどころか、兄弟子養叟を揶揄して、彼は「面皮《めんぴ》厚《あつ》くして牛の皮七八枚張りつけたるが如し」と徹底攻撃しています。「自戒」とは、養叟を他山の石として、自分を戒めるという意味のようです。実はこういうのが一休の実像で、とても「頓知の一休さん」どころではありません。——

また同書はこうも記しています。——一休は本当にわからない人です。一休の本は誰が書いても上手くいきません。私も『狂雲一休』(四季社、二〇〇六年)というのを書き、その「仮面師の素顔」に迫ろうとしましたが、とうとう逃げられてしまいました。——

一休の実像がなかなかつかめないということがよくわかります。

では、ここからは彼が愛し終の住処となった、虎丘庵の話に移ることにしましょう。

酬恩庵一休寺

京田辺市は、奈良、大阪、京都を繋ぐ交通の要所で、近くには木津川も流れています。陸路だけでなく、水路もあったことで、京の都から少し離れていましたが、人の往来は多かった場所です。また、戦勝の神様でもあった石清水《いわしみず》八幡宮が近くにあり、こちらへは多くの名将達が参拝に訪れていました。鎌倉時代以前から石清水八幡宮に薪《たきぎ》を献上していたので、この寺のあたりは、薪村と言われていました。

酬恩庵一休寺は元の名を妙勝寺と言い、鎌倉時代、臨済宗の高僧・大応国師《だいおうこくし》（南浦紹明《なんぽしょうみょう》とも呼ぶ）が、中国にて禅を学び、帰朝後の道場を建てたのが始まりです。その後、元弘の戦火に遭い荒廃していたところを、六代の法孫に当たる一休が、宗祖の遺風を慕ってお堂を再興。師恩に報いる意味で「酬恩庵」と命名しました。正式名はこの酬恩庵ですが、今では一休寺という名前がより有名です。

虎丘庵と一休の晩年

虎丘庵の虎丘とは、中国の禅僧、虎丘紹隆《くきゅうじょうりゅう》に由来します。一休は応仁の乱の起こった

1467年、74歳のとき、大徳寺内の瞎驢庵《かつろあん》を去って東山の麓にあった虎丘庵に移りました。しかし、ここにも応仁の乱の戦火が波及してきたので、薪村の酬恩庵に虎丘庵を移築して、住み始めます。虎丘庵に掛けられた扁額の「虎丘」は、一休の筆です。しかし、西軍が薪村に迫ると、奈良、和泉の方へと逃げ、やがて住吉の松栖庵《しょうせいあん》に落ち着きました。ここで、彼は若い盲目の娘、森女《しんじょ》と運命的な出会いをし、恋に落ちます。

後に、一休は森女と薪村に帰って来ます。

1474年、81歳のとき、天皇より、20年前に焼失した大徳寺伽藍を再興するよう、命を受けます。酬恩庵を拠点にしていた一休は、なんと、虎丘庵から大徳寺に輿に乗って通い、復興に尽力したそうです。

82歳の夏、一休は熱病に罹ります。今でいうマラリアの一種でした。熱病に罹った次の年、死を予期した一休は、虎丘庵の横に、自分の墓となる「慈揚塔《じよう》」を建てます。また、死の前年、等身大の木像を弟子に彫らせていました。1481年、一休88歳のとき、坐禅の姿のまま息を引き取ります。

私が虎丘庵を訪ねた時、酬恩庵一休寺住職・田邊宗一氏が迎え入れてくださいました。

茶室造りの檜皮葺。六畳の間の東側に、床の間（右）と書院（中央）がありました。書院には、三枚障子があり、真ん中の障子を開けると、庭の梅の木がまるで掛け軸のように見えてきます。これは、銀閣寺の東求堂《とうぐどう》の同仁斎《どうじんさい》の書院と全く同じ造りですが、歴史的には、虎丘庵の書院の方が古いものです。

虎丘庭園

元々は、室町時代特有の禅院枯山水形式として、48坪の地敷の中に石組が施されていた一つの庭でした。

しかし、今現在、二つに分かれています。なぜかというと、死の前に建てた茲揚塔に一休のお骨が埋葬されていますが、一休が皇族出身ということで、茲揚塔は宮内庁の管轄として御廟と称され、周りに塀が設けられたからです。この塀が、虎丘庵の庭を二分割しているのです。二つに分けられた庭の一つには、御廟前の須弥山石《しゅみせんせき》が、また、もう一つの部分には七・五・三石組があります。

まず、御廟（茲揚塔）の前庭には、上にとんがった形の細長い三角石が、据えられています。これは、仏教の世界観で世界の中心をなす山、須弥山を表します。同じく室町時代に造られた庭園の中で、須弥山を表している石組の庭は、大徳寺・龍源院の北庭にも見ることができます。

一つの石だけで、仏教の宇宙観を示すというのは、シンプルで豪快な手法です。世界の中心にそびえ立つ須弥山の姿は、簡素だけれど雄大な光景です。一休の絶筆にも、「須弥」と書かれています。前出『一休』は、一休自筆の「遺偈《ゆいげ》」に「須弥」と書かれていることを次のように説明しています。

――須弥南畔《しゅみなんぱん》、誰か我が禅を会《え》す。虚堂《きどう》来たるもまた、半銭《はんせん》に直《あたい》せず。
須弥は古代インドの世界観によれば、この世界の真ん中にある山のこと。その南側にあるのが私たちの住んでいるこの世界です。この広い世界のなかの、いったい誰に俺の禅がわかろう。たとえあの立派な虚堂和尚でさえ、私からすれば三文の値打ちもないぞ、というのです。――

一休は病の床から、この石を愛でながら筆をとったのかもしれません。

一方、虎丘庵の東側には、ほぼ一直線に並ぶ、小ぶりの石の配置が見られます。シンプルで室町時代にはメジャーな石の配置、七・五・三石組です。南から、四、一、三、二、一（もとは二）、そして、最後に三つ、石が据えてあります。つまり、最初が四プラス一で五個、次が三プラス二プラス二で七個、そして三個と続く、五、七、三と奇数に置かれた石組です。

この七・五・三石組は、大徳寺の一休禅師開祖の真珠庵でも見られますが、石の配置が類似しています。というのも、虎丘庭園も大徳寺真珠庵も、作庭家は「侘び茶の祖」とされている村田珠光ではないかとされているからです。田邊住職によると、真珠庵は、一休没10年後に尾和宗臨《おわそうりん》により建てられているので、虎丘庭園の後に、珠光が造った可能性があるのです。石の配置は類似していますが、虎丘庵が、五・七・三なのに対し、真珠庵は、七・五・三の順番で置かれています。七・五・三石組の庭は、やがて、千利休によって、茶室に入る前に身を清める露地へと発展していくのです。

一休禅師と侘び茶の祖・村田珠光

一休の晩年、薪村に色々な文化人が訪ねて来ます。能楽の金春禅竹《こんぱるぜんちく》、連歌師の柴屋軒宗長《さいおくけんそうちょう》、そして侘び茶の祖、村田珠光です。虎丘庵は一時期、芸術家たちが集う場所となり、当時の文化サロンとなりました。田邊宗一住職が書かれた、冊子「禅文化―特集―禅と能」の「薪の里に集いし人々」の中にも次のような一文があります。

――では、このように多くの芸能者をひきつける一休禅師の魅力はいったいなんだったのだろうか。まず、一休禅師の人柄がひとつであろう。江戸時代には白隠という偉大な禅僧がでたが、それ以前の身分の差が激しい室町という時代に、一休禅師は人権主義者、ヒューマニストとして身分の別なく実に多くの人から慕われていた。そして一番大きかったのは、芸能に禅の精神性を寄与したことであろう。今までただの戯れでしかなかった芸能が一休の禅によって大きく肯定されたのである。（中略）芸能に新たなる価値を付与したのが一休禅師だったように思う。――

金春禅竹は、金春流中興の祖であります。世阿弥のもとで養子として引きとられ、のちに世阿弥の娘婿となりました。観阿弥・世阿弥の作り上げた幽玄能の秘奥を受け継ぎました。一休に参禅することで、禅思想も取り入れ、独特の幽寂の芸術味「さび」の世界を展開したようです。なお、禅竹が名乗った多福庵禅竹という名前は、「多福《たふく》・叢《ひとむら》の竹《たけ》」にちなんで命名されました。これは竹を好んだ一休の影響だったそうです。

一方、虎丘庭園を作庭したであろう村田珠光。茶道と言えば、皆さん、その後の千利休を思い浮かべると思います。千利休は茶道を大成した方で、若い頃は、堺の豪商で茶人であった武野紹鷗《たけのじょうおう》に影響を受けます。紹鷗は、四畳半よりも小さい三畳半や二畳半の茶室を考案し「侘敷《わびしき》」と称し、四畳半以上の茶室を「寂敷《さびしき》」と区別して称し、これが日本の美を代表する「侘《わび》、寂《さび》」の語源になっています。さかのぼれば、武野紹鷗は、村田珠光の流れを継ぐ茶人のもとで茶の湯を学んでいました。

当時、村田珠光はそれほど有名ではなかったのですが、千利休が、一休および村田珠光を尊敬していたので、後に「侘び茶の祖」として村田珠光が脚光を浴びることになります。村田珠光は能阿弥に書院茶を学び、当時庶民の間に伝わっていた簡素な茶の様式も取り入れました。また、一休に参禅して禅の精神を取り入れ、精神的・芸術的な茶道を作り上げていきました。

銀閣寺東求堂の書院、同仁斎が四畳半なのは、足利義政に珠光が進言したからとも言われています。珠光は、足利義政の同朋衆《どうぼうしゅう》のメンバーの一人でもありました（ただし、義政と珠光の面識はなかったという説もあります）。同仁斎という名前や書院の部分の三枚障子、これらは、村田珠光が、つまり一休が影響していたのではないかと私は推測します。

村田珠光は茶の湯において人間と自然とが和らぎと調和を保つために、四つの根本条件を説いています。謹・敬・清・寂の必要性です。これが、後に千利休の和敬清寂に繋がっていきます。また、茶室には、貴人畳という身分の高い人用の席への特別な入口はありましたが、四畳半の茶室へは、躙り口から頭を下げて入るようにし、茶室内ではみな平等であると利休は説きました。これは、一休が「人は身分の差がなく、みな平等でなければならない」と説いていることがベースにあったのだと思います。

最初に珠光が能阿弥から受け継いだであろう「書院茶」というのは、茶杓に象牙の薬匙を使うなど、道具にも唐物の高価な物を使っていたようです。緑茶は鎌倉時代、中国から栄西が臨済宗とともに持って来て、当時は身体に良い薬だったそうです。その後、闘茶《とうちゃ》から茶の湯に発展していきました。

珠光は、40代半ばから50代半ばにかけて応仁の乱を経験しています。贅沢三昧な貴族のための茶の湯だけではなく、庶民もたしなめる茶道具が求められていました。大和国添下郡鷹山村城主の次男で連歌師・高山宗砌《たかやまそうぜい》が、茶筅の創始者と伝えられていますが、そもそもは珠光の依頼があったからだそうです。茶杓も竹で作られるようになりました。これは、一休が竹好きだったことから、竹を使って茶筅も茶杓も考案されたのではないでしょうか。

一休寺に、「珠光と一休」という冊子があり、村田珠光が一休に参禅したときのエピソードが載っています。

——或る日、珠光が来たので一休は、「喫茶の要」を問うた。珠光はこれに対し、栄西の喫茶養生記の中の静心法を以てした。一休は一通りそれを聴いた上で更に問うた。「趙州《じょうしゅう》の喫茶如何」珠光は一言の答もせず黙っていた。それで一休は侍童に言いつけて茶を点《た》てさせ、珠光の前に置いた。珠光その茶碗を持って飲もうとする一殺那、和尚忽ち大喝一声し、持っていた鉄の如意を持って茶碗を粉砕した。珠光もさるもの、少しも動揺せず、ややあって「有り難うございます」と一礼した。一休なお追撃の手をゆるめず、「喫茶旨無《しむ》の時如何」と詰めよった。正に禅機緊迫の絶頂。珠光黙って立ち、玄関へ行こうとした。一休これを追い詰めて、「茶を喫して去る時如何」と急襲更に激しい。珠光始めてにっこりして、「柳緑花紅の真面目」と答えた。和尚ここに至って「宜しい」といって其の境涯をゆるした。——

これは、臨済宗の修行の一つでもある「公案（禅問答）」ですが、ここで珠光は印可《いんか》証明《しょうめい》（悟りの証）として、一休より「圜悟《えんご》の墨跡《ぼくせき》」を受け、その名禅の書が茶室の床飾りとなる最初の軸となったそうです。この冊子には、珠光が一休に師事した理由として、「俗に迎合しない、そして衆人愛敬の道に立って禅の指導をしたヒューマニストとしての一休に魅力を感じたからである」と記されています。

一休の禅の思想が、珠光の「侘び茶」の思想と融合したとき、茶の湯に、禅の精神性という哲学が入り、平等が説かれ、簡素化されました。

そして、虎丘庭園が、思想の融合の産物として生まれたと言えるのではないでしょうか。

江戸時代初期に、荒れ果てた酬恩庵を、前田家が復興させます。その際に、方丈《ほうじょう》の周りに、石川丈山《いしかわじょうざん》、松花堂昭乗《しょうかどうしょうじょう》、佐川田喜六《さがわだきろく》の合作で、立派な枯山水の庭が造られました。また、一休が蓮如とともに手植した三本杉跡も残っており、一休が禅宗だけでなく真宗にも理解があったことがうかがえます。

一休最期の言葉が、「死にたくない」だったそうです。最後まで人間らしくあろうとした一休、その目に映ったであろう庭の須弥山は、永遠の宇宙を表していました。

宮本武蔵（1584年～1645年）と本松寺《ほんしょうじ》庭園（明石）

剣豪・宮本武蔵も作庭していた。
禅と剣の修行を重ねた上での、
武蔵がたどりついた庭園とはどのようなものだったか。
枯池式枯山水の庭に込めた武蔵のこだわりとは。

宮本武蔵

宮本武蔵というと、佐々木小次郎との巌流島の決闘、そして京都一乗寺下り松での吉岡一門との決闘が有名です。ただ、彼の一生を見てみると、命を賭けての戦いは若い一時期のことであり、以降は建設的な人生の歩みを重ねています。

彼は、安土桃山時代から、徳川家康・秀忠の時代を生き抜き、関ヶ原、大坂夏の陣、島原の乱など、大きな合戦にもたびたび参戦したそうです。そして、死の直前には、兵法の道を書いた『五輪書』を纏めて、その道理を説いています。水墨画にも素晴らしい才能を持っていた武蔵。明石滞在中に、明石城建設時の町割りを担当し、いくつか枯山水の庭も造っています。彼が残した足跡について、辿っていきましょう。

武蔵壮年期

武蔵の出生は、1584年というのが通説ですが、若干の誤差があるかもしれません。出生地は、『五輪書』では「生国播磨の武士」となっています。美作《みまさか》説もあります。一節によると「田原家貞の次男」だったそうです。義父は、新免無二斎という十手二刀の剣術家でありました。幼少期は美作に住んでいました。

武蔵は9歳で家を出たと言われています。13歳で初めて勝負して、28、29歳までに60余りの勝負を挑み、全て勝ちました。これが武蔵の武勇伝となり、日本国中に広がることとなりました。

21歳のとき都に出て、父親とも因縁の関係にあった吉岡一門と戦います。まずは、清十郎を一撃で倒し、その弟・伝七郎も、伝七郎持参の五尺余りの木刀を奪い、一撃で絶命させました。どちらも、刻限後に来て、イライラさせてからの勝利でした。三度目は、一乗寺下り松にて少年だった清十郎の息子・又七郎を大将とした吉岡一門多数との決戦でしたが、今回は意表を突き一同が到着する前に、決闘の場に忍び入ったのです。突然名乗って、清十郎を殺し、一門の多数相手に一人で戦い、山に入って姿を消したそうです。真偽のほどはわかりませんが、今や武蔵を語る上で欠かせない、吉岡一門との一乗寺下り松での決戦です。その後、武蔵は「兵法天下一」の自負を持って自らの術理を書き、「円明流《えんめい》」としました。ちなみに、円明とは、月の名所でもある明石の月から来ているそうです。

巌流島

1612年武蔵29歳のとき、船島（巌流島）で、佐々木小次郎と勝負する「巌流島の決闘」は、あまりにも有名ですよね。武蔵は、父の門人の小倉藩主・細川忠興に、小次郎との試合を申し込みます。遅れて行くのは、吉岡一門との戦いと同様の戦法です。この勝負では武蔵は、小次郎の長い刀を使った技を見越して、長い木刀を作りました。その長さが相手に悟られないように、木刀を肩の上で水平に持ち、小次郎が打ち込んだ間合いを見て、一撃したのです。
小次郎との戦いに勝ち、武蔵は天下一の実力を示しました。江戸時代は平穏な時代に差し掛かり、正面切って勝負に挑むこともなくなりました。30代以降になると、自分の兵法を違う形で発展させていきます。

立身出世と文武両道

大坂夏の陣では、徳川側として参加しています。三河刈谷藩主・水野勝成の嫡男・勝重の騎馬武者として配され、ボディガードの役割を担っていたそうです。大木刀を持って、橋の上で敵をなぎ倒したと記録にあるそうです。

戦がなくなり太平の世が訪れると、諸大名達は外交（幕閣や他の代名、旗本との交際）を円滑にするために、文武の道を行き、諸芸諸能を身につける傾向へと変化してきました。武蔵は著名な武芸者だと優遇され、大名の「客分」としての処遇を受けるようになりました。本多家、小笠原家の客分として、播磨に滞在することになります。

また、武蔵は諸芸、特に水墨画に優れていました。誰かに師事したというより、我流で兵法とともに鍛錬したようです。全て、自分流なのですね。ただ、その筆運びは素晴らしく、線は勢いよく、一点の迷いもなく見事に描かれていると定評がありました。

武蔵の書家としての画風は、長谷川等伯の影響を受けたとも言われています。江戸滞在中は、儒官の林羅山とも交流があり、武蔵の画に羅山が賛を入れた人物画もあります。武蔵の絵は、主に「花鳥画」「道釈《どうしゃく》 人物画（達磨や布袋《ほてい》など）」で、彩色なしの墨絵でした。特に「枯木鳴鵙図《こぼくめいげきず》」は有名で、天に伸びる長い枯枝の上に鵙《もず》が止まっている姿は繊細で美しく、一本筋の通った直線の枯枝は、力強く迷いがありません。下のほうにもう一本短い枯枝が交差しているのは、武蔵特有の「二刀流のバランス感覚」で描かれたからかもしれません。

1617年7月に、「徳川四天王」の一人であった本多忠勝の嫡男・忠政が、池田家に代わり姫路城に入りました。また、その嫡男・忠刻《ただとき》には、大坂城から救い出された将軍・秀忠の娘であり豊臣秀頼の正妻であった千姫が再嫁していました。そして、隣の明石には、家康の孫の子の小笠原忠真《ただざね》が信州松本から入りました。この二つの譜代大名と武蔵は深い関わりを持っていくことになります。

武蔵は二人の男子を息子として養子に迎えています。一人目の養子・三木之助は、本多忠刻の小姓として勤めていました。しかし、忠刻が若くして病死したため、三木之助は追腹を切ったそうです。二人目の養子として、伊織を迎えています。伊織を立派な武士にするべく教育をしましたが、剣は伝えなかったようです。伊織は小姓として、小笠原家に出仕しました。その後、武蔵の援護もあり、島原の乱にも幕府側として参戦し、小笠原藩の家老にまで立身出世するのです。

明石での町割りと作庭

１６１７年11月、信濃松本藩主より明石藩主となった小笠原忠真は、明石に城を築きます。明石の築城は大事業でした。このときに、城下の区画を造成する「町割り」を担当したのが武蔵だったと伝えられています。

武蔵が明石にいた頃は、将軍・秀忠の娘和子が後水尾天皇に嫁ぎ、幕府の強力な後援により、王朝文化の復興がなされました。修学院離宮が建設されたのもこの頃です。寛永文化の風潮の中、姫路や明石で客分として迎えられていた武蔵は、本格的に画を描き、そして庭も造るようになったと言われています。

本松寺庭園と圓珠院庭園

魚住孝至著『宮本武蔵』の中で、武蔵の造営に関して次のように記されています。

――明石藩史書『金波斜陽』には、武蔵が「元和八年頃、姫路城下に仮寓し、寺院の造園等に参画す」という記事がある。明石上の丸の本松寺《ほんしょうじ》など三カ所に、武蔵が造営したという伝承がある庭が残されている。『小笠原忠真公小伝』には、明石城内三の丸の細長い曲輪《くるわ》を、「樹木屋敷」と称する庭に造営した時に、「泉水、築山、樹木、花圃《かほ》、茶亭《ちゃてい》、鞠場《まりば》等の結構布置を遊寓の名士宮本武蔵に嘱して担任せしめ」、樹木は三木、明石両郡の山々より選び、石は阿波《あわ》、讃岐《さぬき》、小豆島《しょうどしま》などから運んで、約一年かけて造営したという記事が載せられている。「遊寓の名士」とは、武蔵が「客分」として諸芸に遊ぶ余裕もあった名士だったことを示している。――

武蔵の造った庭というのはどういうものだろうという好奇心から、私も明石に足を運びました。

ＪＲ明石駅の周辺には武蔵の造った庭園があったとされる明石城（現明石公園）、雲晴寺《うんせいじ》、本松寺、福聚院《ふくじゅいん》、圓珠院《えんじゅいん》などが点在しています。現在のＪＲの北側に明石公園があり、位置は変わりましたが平成15年に、明石城内に武蔵が造ったとされていた庭園が復元されています。他に、武蔵が造ったとされる雲晴寺は庭園跡が出土して移築中です。福聚院の庭園は手入れされていません。本松寺と圓珠院の庭園は酷似しています。池泉の形や大滝、小滝があることなどが類似点です。

最初に明石城の東側に当たる本松寺を訪ねました。人丸山《ひとまるやま》の坂を登ると本松寺があります。日蓮宗「法栄山本松寺」が正式名称です。１５９６年、豊臣秀吉の家臣・藤井与次兵衛勝介が林崎の船上城下に建立し、「本正寺」と呼ばれていました。審理院日甫開祖となっています。１６１７年、小笠原忠真が信州松本から明石に移ったときに、明石城が築城され、それに伴って町の中心も明石側以東に移ったようです。本松寺は、１６９１年に現在の地に移転しました。武蔵の頃は何宗だったかはわかっていませんが、庭園の規模が小さく、枯池式枯山水であることなどから、当時の寺院のために武蔵が庭を造ったのではないかと想像されます。

私が本松寺を訪ねたとき、庭園を観たいと言うと、寺の方が中に入れてくれました。庭自体、予想以上に小ぶりなので、びっくりしました。庭園の説明文には、――**浅い枯池を穿ち、軽い築山を東西二箇所に築いている。そして谷を渓谷にして枯流れとし、切石橋が**

架かる。また二つの築山には、それぞれ大小の二つの枯滝を大滝・小滝として組み、大滝には水分石を池中に据えている。池泉は瓢箪型で、降雨の時のみ水が溜まるという枯池である。手前に出島があるが、亀出島である。護岸は池が浅いために一段の護岸石組を組んでいる。石橋は自然石が架かるがもとは檪の橋であった。全体的に見て、石組は小振りであるが、平面構成を重視し、視点による変化をもたせたまとまりのよい作庭といえる。

（庭園研究家、西桂　記）——となっていました。

独特なのは、枯池式枯山水であり、形が瓢箪型であることとです。後の章で紹介しますが、大徳寺黄梅院《おうばいいん》に千利休が秀吉のために造った池の形が、瓢箪型でありました。これは、秀吉が瓢箪を好んだからです。時代から考えると、武蔵も黄梅院の庭を観ていたのではないかと思われます。大徳寺内別塔頭《たっちゅう》大仙院にて、沢庵和尚が、21歳の武蔵に禅の極意を教えたという話も残っています。

また、降雨時に水が溜まる枯池式枯山水ですが、これはもともと水を引いて池泉を造る規模の庭ではなかったからだろうと考えられます。石組の石も大きいものではなかったです。前記の「樹木屋敷」には石を運ばせ造築に約一年かかったとされています。本松寺の庭は、樹木屋敷の規模とは比較にならないくらい小さいので、何かの合間に造ったか、縁のあった寺の住職に頼まれて造ったか……とにかく大掛かりなものではなかったと推察されます。

最も特徴的なのは、大滝・小滝です。枯滝の流れを水分石によって二つに分けることはありますが、大滝・小滝としっかり区別している庭は少ないように思います。推測の域を超えませんが、これは武蔵の二刀流の剣を表しているのではないでしょうか。武蔵にとってバランスが良かったのかもしれません。武蔵が描いた水墨画「竹林の図」（東寺観智院客殿の襖絵）でも、二本の竹が勢いよく天を指して、交差しています。

庭の手前には礼拝石がありました。〈書院や離れ座敷を視点にして作庭された〉とも紹介されていましたので、歩きながら観るというよりは、室内から鑑賞するために造られたのでしょう。禅式庭園の基本に忠実な作庭法だと感じられました。作庭家・武蔵の真面目さがうかがえます。

ＪＲ明石駅の南側、明石港の西側に位置する圓珠院も観に行きました。本松寺の庭園と類似し、大滝、小滝もありました。枯池式枯山水庭園です。枯池に切石橋が架けられ、東西に小さな築山《つきやま》が築かれています。大小の枯滝を据え水の流れに変化をもたらしています。

ここでは、大滝の水分石が鯉魚石的で龍門瀑形式を取っています。池泉は瓢簞型で降雨時のみ水が溜まります。数段の護岸石組が組まれていて、本松寺より少し手が込んでいるようにも思われます。築山に蓬萊山を表す蓬萊石も置かれていて、禅寺枯山水特有の石組が見られます。圓珠院は、１５３２年〜１５５５年に善楽寺の律院として定仁師により開基されました。今は天台宗となっています。善楽寺は、明石で最も古い寺（飛鳥時代創建）と言われています。

本松寺も圓珠院も禅宗の寺院ではありませんが、武蔵は最後、熊本の禅宗曹洞宗の雲巌《うんがん》禅《ぜんじ》寺の霊巌洞という洞窟の中で、座禅をしながら『五輪書』を書き上げています。それ以前に、禅の修行をどこで行ったかはわかりませんが、各国を武道行脚しながら、禅宗の寺院や庭園を観る機会はたくさんあったのではないでしょうか。

晩年の武蔵

武蔵は九州に渡り、養子・伊織とともに、島原の乱の鎮静化に努力します。

また、縁深い細川忠興の息子・忠利の誘いで、熊本で過分な待遇付き客分として過ごしますが、忠利の死をきっかけに、60歳のとき、霊巌洞にこもり、兵法の極みと言われている『五輪書』を纏め上げます。五輪とは、「地（二天一流、兵法のあらまし）」、「水（二天一流と実際の剣術）」、「火（一対一も集団対集団も同じ、戦い方の心構え）」、「風（昔、今風、他の流派について）」、「空（兵法の本質）」を表しています。最後の「空の巻」で武蔵は空について次のように語っています。

――空といふ心は、物毎のなき所、しれざる事を空と見たつる也。勿論空はなき也。ある所をしりて、なき所をしる。是《これ》すなわち空也――（『宮本武蔵』魚住孝至著より）

武蔵は出世欲があったと言われていますが、彼は自分が生み出した究極の兵法を万民に広めたかったのではないでしょうか。62歳で死ぬ直前に、『独行道《どっこうどう》』という二十一の短文を箇条書きにし、自誓の書として自筆で残しています。――**他に頼ることなく、独立不羈の精神を貫いて生き、兵法の道を極めて「万事におゐて我に師匠なし」（前出『宮本武蔵』より）**――まさに、すべて自分で切り開いた兵法哲学を後生に残したいという武蔵の魂の叫びが聞こえてくるようです。

宮本武蔵が庭を造った理由

武蔵が、明石で町割りだけでなく、どうして作庭をしたのかはわかりません。町割りをするために、寺社仏閣を奔走するうちに庭造りまで引き受けたのかもしれません。しかし、作庭の基本をきっちりと把握し、独特の美意識も持ち、いくつかの庭園を今に残すだけの、才能を持ち備えていたことは確かです。

庭を平面的に見捉えてデザインする手法は、雪舟をはじめとする画家が作庭した場合の特徴です。本松寺や圓珠院の庭からは、遠山石を据えて奥行きを演出するなど、水墨画に造詣の深かった武蔵らしい技巧が感じられます。大滝・小滝は、唯一のアイデンティティ（二刀流）として自己表現したものではないかとも考えられます。

二つの庭園を注意深く観ると、武蔵は町割りという役目のためだけではなく、修行の一貫として水墨画を描くように作庭したのだと推測できます。作庭時には、武蔵は口で説明するより、下図を描いて、職人たちに説明していたのではないでしょうか。武蔵らしい緻密に計算されたバランスの良い庭園でした。

スティーブ・ジョブズ（1955年～2011年）と西芳寺《さいほうじ》（京都）

京都を愛したスティーブ・ジョブズが、
足繁く通ったのは、苔寺としても有名な西芳寺。
禅僧に帰依した彼はこの庭から何を学びとったのか。
マインドフルネスの原点はここに。

異端児スティーブ・ジョブズ

スティーブ・ジョブズと西芳寺の関係を見る前に、まずスティーブの人生を知ろうと、彼公認のバイオグラフィーであるウォルター・アイザックソン著『スティーブ・ジョブズ（I・II）』を読んでみました。パソコン、スマートフォン界に画期的な新風を巻き起こし、現代人の日常生活を大幅に進化させる多大な業績を残したのは周知のことです。成功者ではありますが、何か日本人の常識とは大きく違う生き方だと感じました。つまり、ビジネスの成功のためには手段を選ばない、そういう側面を受けとりました。

まず、彼のビジネスに対する姿勢のところです。バイオグラフィーにもよく出てくる言葉ですが、「ジョブズの現実歪曲フィールド」があります。他人を説得するために、目力と言葉で、人々を操ることです。本当のことでなくても、本当のように聞こえます。良く言えば「交渉上手」なのですが、悪く言えば「エゴが強い」ということでしょうか。難しい人格を備えていたように思います。

複雑な人間性形成は、スティーブの生い立ちからも見えてきます。彼は生まれるとすぐ養子に出されます。実父はシリア人でしたが、父と息子として対面することはなかったそうです。実母は大学院生だった頃にスティーブを生み、養母が死んだのちに再会を果たし、血の繋がりのある妹とも後々会って交流することになります。養父母であるジョブズ夫妻は、中流クラスの温厚な夫婦でしたが、スティーブを大学に進学させることを条件に、養子縁組を成立させ、スティーブを引き取ります。幼少期の彼は、とてもいたずら好きの手のかかる子供でした。高校生のとき、ヒューレット・パッカード社でインターンシップとして働き、スティーブ・ウォズニアックという優れた技術者と運命的な出会いをします。

スティーブは高校を卒業する頃には、時代を象徴するようなヒッピーになり、ＬＳＤというドラッグ漬けになっていました。また、ヒッピーらしく、菜食主義で肉を食べませんでした。ヒッピーは、当時のアメリカの制度や慣習、価値観に縛られることに抵抗していました。また、アメリカ人のベースとなっていたキリスト教に反発して、その真逆の東洋、神秘主義への憧れを持つようになります。禅や瞑想はヒッピーに人気があり、サンフランシスコのゴールデンゲートパークの日本庭園で、瞑想することが流行っていたそうです。スティーブが禅宗に傾倒していくことは、自然の成り行きだったのでしょう。

スティーブは、インドへも旅しました。インドの田舎で7ヶ月を過ごし、田舎にいる人々の直感力の鋭さに気付きます。自分を静観し時間をかけて気持ちを落ち着かせると、とらえにくいものの声が聞け、直感が花開き、物事がクリアに見え、現状が把握できたそうです。今まで見えなかったものが見えるようになるのが修養であり、そのためには修行が必要だと気付きます。スティーブは、帰国後両親の住むロスアルトス市に戻り、サンフランシスコにある曹洞宗、鈴木俊隆の禅センターに通い始めます。

スティーブ・ジョブズの功績

１９７６年に、スティーブ・ウォズニアックと組んで、独自に開発したApple Computer Iを、販売することになります。そして、Apple Computer IIも順調に売り出されました。その後、社内を分割するような二つのプロジェクト、Lisa（ジョブズの最初の娘の名前）とMacintoshが同時に開発されました。スティーブは、横柄な立ち居振る舞いを理由に、Lisaのプロジェクトから外されます。そして、彼が、Macintoshに参画したことで、最終的にMacintoshが勝つことになります。スティーブが強引にオペレーティングシステムにまで口出ししたこと、シンプルで美しいデザインを好んだことが勝因でした。１９８４年、Macintoshが売り出され、大成功をおさめます。

挫折と禅僧との出会い

１９８５年、スティーブはアップル社の業績が赤字に転落した責任を取らされ、全ての仕事から追い出されてしまいます。自分が作ったアップル社を追われたスティーブは、初めての挫折を味わいます。この頃に通っていたのが、ロスアルトスの「俳句禅堂」という曹洞宗の禅センターです。この禅道場に、乙川（知野）弘文という僧侶が住み込んでいました。

弘文は禅宗の僧侶の三男として生まれましたが、7歳のときに、大好きだった父親を亡くします。1956年18歳で得度し、新潟県耕泰寺《こうたいじ》の知野孝英老師の養子に入り、寺を継ぐことになっていました。駒澤大学卒業後、京都大学大学院で仏教研究に没頭しました。しかし、机上の論理に嫌気がさし、禅を体感できる僧院で二年半に及ぶ修行をします。そして、カリフォルニアの鈴木老師から、アメリカ行きを打診されます。養父からは反対されますが、逆らい、1967年に渡米してしまいます。一度は帰国しますが、アメリカで禅の普及に務めたいと1970年再び渡米、スティーブ・ジョブズと運命的な出会いを果たします。養子だったこと、大学の勉強より実践を好んだことなど、スティーブの人生と重なるところがありました。

弘文が修行していた永平寺は、スタンフォード大学フットボール部のレギュラー選手なども参禅していたそうです。彼らの面倒を見ていた弘文の評判が、自然とサンフランシスコの鈴木老師にも伝わっていたようです。

1985年アップル社を去ったスティーブは、同年NeXTを設立し、弘文が宗教顧問となります。スティーブとローレン・パウエルの結婚時の婚礼も禅式で、弘文が司りました。しかし、その後、弘文はスティーブと疎遠になります。弘文は、禅を広めるためヨーロッパに赴任します。再婚をし子供が増え幸せな家庭を持ちますが、あるときスイスの池でおぼれた娘を助けようとし、父娘とも死んでしまいます。

まったく異なる国で生を受けたスティーブと弘文が、スティーブの挫折期に密接に関わりました。生い立ちや型破りな考え方、そして幸せな家庭から一転、壮絶な死に至るまでの類似点を眺めるに、不思議な縁でこの二人が結ばれていた気がします。

スティーブ・ジョブズの復活劇

アップル社を去ってから、スティーブがまず手がけた仕事は、高等教育向けコンピューター構想をベースに始めたNeXT社です。最先端のＯＳをこの世に出しますが、生産コストが高くついた反面、業績があまり伸びませんでした。スティーブはソフトウエア部門だけを残し、ハードウエア部門を出資していたキャノンに売却してしまいます。そして、ソフトウエア部門も最終的にアップル社に買収されます。

一方で、1986年ルーカスフィルムのコンピューター関連部門を買収し、ピクサーと名付けました。全編コンピューター・グラフィックスの『トイ・ストーリー』公開後に、株式を上場させて、多額の資産を手に入れます。その後、ディズニーがピクサーを買収します。そして、彼はディズニーの個人筆頭株主になります。

1996年、OS開発が暗礁に乗り上げたアップル社によるNeXT社買収をきっかけに、スティーブは、アップル社に復帰することになります。アップル社の経営陣は辞任、再びスティーブが実権を掌握することになります。

アップル再建に着手したスティーブは、その後、iMac、iPod、iPhone、iPadと次々と画期的な新製品を開発します。特にスマートフォンという新しい定義のiPhoneは、2011年スティーブがアップル社のCEOを退任するまでに、総売上の半数を占めるまでに成長しました。スティーブは、アップル社を揺るぎない会社に発展させていきました。

iPodのデザインは、無駄なものを一切省いたシンプルなもので、円の中にボタンがあるだけです。無駄なものを省くことや円相などは、スティーブが禅の思想から影響されたデザインだと言われています。

新商品のプレゼンテーション時には、イッセイ・ミヤケのタートルネックに、リーバイスのジーンズ、ニューバランスのスニーカーを着用していました。多くの人にとって鮮明な印象を残したプレゼンテーションの姿ですが、これは、毎朝何を着ていくか悩む時間を節約するための彼独自のファッション・スタイルでした。ノームコア（究極の普通）と呼ばれましたが、この考えも禅から来たものかもしれません。

京都の旅と病気

プライベートでは、スティーブにはリサという娘がいましたが離れ離れになっていました。１９９０年、スタンフォードの講演の際、知り合ったローレン・パウエルと、翌年、ヨセミテ国立公園で結婚式を挙げます。その後、一男（リード）二女（エリンとイブ）に恵まれ、ローレンと子供たちと幸せな家庭生活を送ります。

彼の人生が、公私ともにようやく順風満帆なときに、新たな悲劇がスティーブを襲います。２００３年すい臓がんと診断され２００９年に肝臓の移植手術をしますが、すでに手遅れの状態でした。２０１０年にiPadを発表したのち、病気を理由に２０１１年アップル社のCEOの職を退き、同年10月5日、すい臓腫瘍の転移により、自宅で死去します。

スティーブは、日本の、特に京都が好きで、よくお忍びで来ていたそうです。『スティーブ・ジョブズ Ⅱ』（ウォルター・アイザックソン著）には、最初の子供のリサも、パウエルとの子供リード、エリン、イブも、それぞれ別々に京都に連れてきてもらったと記されています。エリンを連れて訪れたときに老舗の「俵屋」に泊まり、その近くの蕎麦屋でやはり創業300年の「晦庵河道屋《みそかあんかわみちや》」に行ったようです。京都市内の麩屋町姉小路界隈が、スティーブお気に入りの場所でした。七条の渉成園《しょうせいえん》近くの「すし岩」は「こんな美味しいお寿司は初めてだ」とiPhoneにタグ付けしたそうです。

西芳寺とスティーブ・ジョブズ

前出『スティーブ・ジョブズ Ⅱ』にこのようなくだりがありました。

――有名な禅寺もあちこちまわった。エリンがとくに気に入ったのは苔《こけ》寺として知られる西芳寺《さいほうじ》。黄金池を中心に広がる庭に100種類以上もの苔が生えている。――

西芳寺（苔寺）は、京都の西山、洪隠山《こういんざん》の山裾に位置しています。歴史は古く、もともとこの地に聖徳太子の別荘があったと言われています。奈良時代に行基が法相宗の寺として開山しました。その後、空海も入山したそうです。鎌倉時代に法然上人により、浄土宗に改宗されました。１３３９年、室町時代初頭、荒廃していたこの寺は、高僧であった夢《む》窓疎石《そうそせき》によって、臨済宗の禅寺として再興されました。

夢窓疎石が再興したときは、今の苔寺の様相とはまるっきり違っていました。池泉式庭園の部分は、黄金池の北側にある阿弥陀堂を西来堂と名付け、その南西に二層の楼閣・瑠璃殿が建っていました。瑠璃殿の上層部は仏舎利を収めた水晶の塔が祀られていました。

この瑠璃殿こそが、足利三代将軍・義満の建てた鹿苑寺（金閣寺）と、八代将軍・義政の建てた慈照寺（銀閣寺）のモデルとなります。『禅僧とめぐる京の名庭』（枡野俊明著）に記されています。

――夢窓国師の年譜（伝記）を残している臨済宗夢窓派の禅僧・春屋妙葩《しゅんおくみょうは》は、当時のこの庭の見事さを次のように評しています。岩の間より湧き出る水は、さらさらと流れてたいへん美しい。白砂《はくしゃ》の州浜《すはま》、形の良い松が植えられた島、木々の合間に据えられた

形の良い景石《けいせき》、舟を浮かべ漣《さざなみ》の立ったところに映る館の影、これらは天下に誇る絶景であり、人の力の及ぶところではない。——

この文献によると、西芳寺は、当時は苔むす場所というよりは、白砂青松《はくしゃせいしょう》でありました。瑠璃殿をはじめ全ての建物が焼失し、庭は苔むして、当時とは全く違った風景になりました。庭園内の湧き水が出る池や、京都西部の気候条件、つまり適度な湿度（特に朝露）によって、月日が経つ中で、120ほどの苔の種類を生息させました。織りなす苔の絨毯と池や石の美しさは、息をのむほどです。私は何度となく訪れていますが、季節、時間、天気、光の加減によって庭の表情は常に変化します。ベストシーズンは、やはり苔が青々としている梅雨時だと思います。

夢窓疎石が残したであろうというものは、石組から推察できます。西芳寺の庭園は二段構成になっています。庭園は上部下部に分かれており、下の池泉の部分では、二列になった夜泊《よどまりいし》石、霧島と呼ばれる島にある三尊石《さんぞんせき》、その両側に鶴島、亀島を見つけることができます。これは、金閣寺にも同様の石組の配置が見られるので、夢窓疎石の残したものであろうと言われています。

池泉を離れ向上関《こうじょうかん》と呼ばれる門をくぐって石段を上がっていくと、左手に亀石組が見えてきます。そして、夢窓疎石の像が祀られている指東庵《しとうあん》の前には、三段枯滝があり、枯山水の原点と言われています。滝ですが、水が流れていた形跡はありません。ここは龍《りゅう》門瀑《もんばく》とも言われ、鯉魚石があり、鯉が滝を登ろうとしている様子がイメージできます。「枯山水」は、平安時代に書かれた庭園作成のマニュアル本『作庭記』にも著されているのですが、実際に観ることのできる枯山水としては、ここが一番古いとされています。

指東庵から本堂に戻る道には、夢窓疎石が瞑想していたという座禅石や、泉が湧いていた龍淵水《りょうえんすい》と呼ばれる蹲の原型があります。残念ながら、向上関から上は、外国人だけでなく日本人でさえも、ほとんど素通りしてしまいます。庭園好きには、この辺りが一番心踊る「歴史的なハイライト」なのですが。

西芳寺は、以前は一般公開していましたが、地元の方々の静かな生活を守るため、往復葉書の申し込み制にして拝観料を高くし、1日限定160名ぐらいを受け入れています。本堂で本尊を拝んでから、庭園への入場が許されます。

西芳寺の関係者から聞いたことですが、スティーブは家族を伴う来訪以外にも、おそらくいく度かお忍びで訪れているようです。でも、西芳寺の方々は誰も気がつかなかったらしいです。お忍びの訪問は、スティーブ・ジョブズの伝記本によって初めて知ったそうです。ということは、VIPであった彼も、他の人たちと一緒に、ちゃんと本堂で参拝を終えてから、庭園に入ったことになります。一般客と同じでも、ひとり静かにここで時間を過ごしたいとの思いだったのかもしれません。

では、スティーブは西芳寺庭園のどこがどのように気に入っていたのでしょうか。ここからは私の想像の域を超えませんが、三つほど考えられます。

まずは、やはり、清楚で美しい苔の景色を好んでいたのではないでしょうか。シンプルなデザインを好むスティーブには、自己主張が少なく、自然がただただ美しいこの庭の美意識に魅了されたのではないかと思います。二番目は、禅に傾倒していたので、夢窓疎石の残した石組の力強さに感銘したのではないでしょうか。そして三つ目は、西芳寺庭園全体から醸し出される無（悟り）の境地、平穏で心を落ち着かせ瞑想状態になれる環境、その心地よさが好きだったのかもしれません。苔は空気を浄化する役目があります。湧き出る泉に苔の蒼さ、喧騒を離れた幻の世界（宇宙観）を感じていたのかもしれません。

庭園というのは、死が近づくと何か特別な観え方がすると言います。また、もともとこは浄土を表す庭園だったとも言われています。死生観というか、死との向き合い方を、修行に訪れた人々に教えてくれる場所でもありました。

スティーブ・ジョブズの美意識と哲学

スティーブの美意識というか、美に対しての追求は、コンピューターのデザインに大きく反映されました。そのベースに禅の教えがありました。

スティーブの言葉に、「シンク・ディファレント（違う考え方をする）」があります。クリアティビティ（創造力）には、普通の物差しではなく、新しい目で物事を見据える能力が必要です。違う考え方をすることは、視点を変えることで、ものづくりには大切なことだと思います。公案（禅問答）はまさしくシンク・ディファレントのドリルだったのではないでしょうか。

スティーブはエンジニアではありませんでした。でも、高い目線から全体を見ることのできる「総合判断力」に長けていたのでしょう。だからこそ、人々が想像すらできなかった新たな商品を次々と開発することができたのだと思います。これは、禅の「俯瞰して観る」ことと類似していると思います。

数奇な運命を駆け抜けたスティーブは、私から見ると、生き焦りをも感じていたのではと思えるほどです。そのような中、一時の平穏を、彼がもし西芳寺で見つりていたとしたら、それは禅の目的地、ニルバーナ（悟りの境地）であったのでしょう。

column

庭園史における最重要作庭家とその名庭

夢窓疎石（1275年〜1351年）と瑞泉寺（鎌倉）

鎌倉、室町時代の変遷期、禅の修行として
日本中を旅し素晴らしい庭園を残していった。
その真骨頂とも言える瑞泉寺。
自然の洞窟を利用し、夢窓疎石が表現したかったものとは。

夢窓疎石の偉業

日本の庭園史の中で紹介すべき作庭家を四人紹介していきます。まず、鎌倉時代末期から室町時代にかけて活躍した夢窓疎石《むそうそせき》、安土桃山時代から江戸時代初期に出てきた小堀遠州、明治時代初期の小川治兵衛、そして第二次世界大戦前後の重森三玲《みれい》です。四人とも、時代の変遷期に現れ、庭園史に多大な影響を及ぼしました。

作庭家と一言で括っても、庭に対してのアプローチは全く違います。夢窓疎石は「禅僧」で、

「禅の教え」のために庭を造りました。小堀遠州は、武将ながら「茶人」であり、徳川幕府の作事奉行に抜擢された「出世頭」です。安土桃山時代にヨーロッパの技法を学び、それを庭造りに取り入れました。小川治兵衛は「職人肌の造園家」でした。明治維新の新政府要人・山縣有朋のもと、庭に新しいコンセプトを盛り込みました。モダニズム風潮の中、庭では園遊会などが開かれ、「おもてなしの庭」が必要となったからです。最後の重森三玲ですが、彼は庭園測量により、あらゆる伝統的な庭の技法を把握しながら、その中に「新しいデザイン」を織り込んでいきました。そういう面で、彼は庭にアートを取り入れた「アーティスト」でした。

最初にご紹介する夢窓疎石は、高僧でした。生前に夢窓国師、正覚国師、心宗国師と三つ、死後に普済国師、玄猷国師、仏統国師、大円国師と四つ、計七つの国師号を、歴代天皇から賜っています。七朝帝師《しちちょうていし》とも呼ばれていて、他に類をみない逸材の僧侶でした。開祖天龍寺《てんりゅうじ》、そして西芳寺でも、夢窓疎石の木像が祀られています。なで肩の華奢で上品なお姿です。とても、自分で重い石を転がし据えた方とは思えません。当時は、切石の技法もなく、自然石を活かし全て人の手で造られていました。

ただ、夢窓疎石には門徒志願の僧が絶えなかったはずです。庭園造りをする僧侶は「石立僧《いしだてそう》」と呼ばれていました。その歴史は古く、平安時代に林賢法師や徳大寺法眼静意《ほうげんじょうい》などの名が残っていきます。真言宗の石立僧が多かったのですが、夢窓疎石以降は禅宗の石立僧に変わっていきます。ですから、夢窓疎石は庭園をプランするいわゆるランドスケープアーキテクトで、その指示に従う石立僧が何十人もいたのではと想像できます。しかし、夢窓疎石は修行の一貫として庭園造りを考えていました。庭園をこよなく愛していたので、自ら作庭に深く携わっていました。石の様子、傾きにまでこだわっていたので、特に大切な石組は、自ら石を据え付けていたという記録も残っています。

実は、夢窓疎石については諸説あります。彼が造ったとされる庭の解釈も資料によって違います。庭園造りに夢窓疎石が関与していなかったという説もあります。たとえば、天龍寺は、先に蘭渓道隆《らんけいどうりゅう》が龍門瀑を造ったのではという意見もあります。本当はどうなのか……わかりませんが、やはり、その人らしい庭の特徴、庭への対峙の仕方というのがあると思います。ですので、私は「作庭家・夢窓疎石」が存在したという説を支持する立場で話を続けていきたいと思います。

私が「作庭家・夢窓疎石」説を支持するのには理由があります。まだ庭のことをそれほど知らないときに、多治見の虎渓山永保寺《こけいざんえいほうじ》の庭を訪ね、ただただその美しさに感動しました。また数年後、高知の竹林寺の庭園の素晴らしさにも息をのみ、その場を離れられない体験をしました。後に、その二つの庭がともに夢窓疎石によるものかもしれないと知りました。天龍寺と西芳寺は、庭園ガイドとして海外のお客様を何度もお連れしています。何度行っても全く飽きないのです。虎渓山永保寺、竹林寺、そして天龍寺、西芳寺に、庭の特徴や庭への対峙の仕方など共通することを私なりに感じます。特に、護岸石組が美しく繊細なところや、風光明媚を重んじているところです。「夢窓疎石派」として、彼の人となりや生き方、さらに夢窓疎石の庭の中で究極だと思われる、鎌倉「瑞泉寺」の庭の紹介をさせていただきます。

夢窓疎石の壮年期

夢窓疎石の出生場所としては別説もありますが、父方が伊勢源氏、母方が平氏として、伊勢国(三重県)の生まれでした。辿れば、宇多天皇の子孫だったそうです。時は、鎌倉時代末期、蒙古襲来の時代です。夢窓疎石4歳の時に、一族に紛争が起こったため甲斐に逃げます。父は、平塩山寺の空阿《くうあ》大徳に、息子の出家を願い出ます。その頃から、夢窓疎石は非凡な能力を発揮し、勉学に励んだそうです。

18歳のとき、叔父を訪ねて奈良に行き、その指示によって、東大寺の戒檀院の慈観律師を戒師として、「登壇受戒」(正規の手続きにより受戒)しました。19歳で、真言宗から禅宗に変わりました。19歳になったある日、夢の中で、曹洞宗の疎山光仁と出会います。次に、石頭禅師に相見します。二人と寺に行き長老に会い、達磨大師の半身像が描かれた掛け軸をもらいます。その軸を懐に入れたときに、夢が覚めたそうです。夢で会った二人の僧名より「疎」と「石」をとり、法号を「疎石」とし、道号を「夢窓」としました。

京都の建仁寺の渡来僧である蘭渓道隆の弟子に学ぶことになります。蘭渓道隆は、鎌倉建長寺の開祖でもありました。鎌倉に赴き、建長寺などで修行して、22歳で京都に戻ります。建仁寺で再び修行した後、25歳でまた鎌倉に戻り一山一寧《いっさんいちねい》のもとで修行します。一山は五山文学の祖と言われ、朱子学にも精通した浙江省台州の出身の禅僧です。夢窓疎石は、彼のもとで中国語も学びます。

——理論に長けて自我の強い自分の性格は、「以心伝心」といわれている、師から弟子への教導を受け入れがたい性格であることを知り、これからは大自然のなかで樹下石上に坐す「無師独悟」という修行方法を試みようと決意して、高峰の下を立ち去ります。（中略）

山水癖がある夢窓は、樹下石上の修行に庵居休息を加えるという彼一流の方法により無師独悟した経験をもととして、悟りの境地を容易に体験できる場としての「修禅の庭」を考案しますが……、それはまだ八年先のことです。——

（『夢窓疎石の庭と人生』中村蘇人著より）

夢窓疎石が、大自然の中で独自の修行を行っていたときです。ある蒸し暑い日、修行に疲れて体を癒そうと庵に入り、壁にもたれかかろうとしました。でも、壁がなくて転んでしまいます。苦笑いが高笑いになって、その笑い声のこだまが夢窓に帰ってきたときに、悟りを開きました。夢窓疎石31歳のときでした。私は、このエピソードを「悟り」の話としてよく海外のお客様に紹介しています。師に付かず、自然の中で修行をした中で、やっと得た「悟り」を、彼の庭理論を極める「修繕の庭」として大成したのだと思います。

「修繕の庭」。つまり、夢窓疎石が考案した修行専用の庭に関して、前出『夢窓疎石の庭と人生』に白楽天の庭のことが書かれています。夢窓疎石が感銘を受けたのは、白楽天が隠居所の隣に造った庭だったそうです。龍門石窟の一大パノラマを借景にして、3つの島が浮かぶ大池があり、竹林で囲まれた簡素で「単純明快」な庭でした。「文人の庭」は、もともと「山中に棲んで修行する隠者にならって、隠遁のシミュレーションの場としてつくった」のでした。白楽天が、「華美な庭園」に対して風刺を込めて造った庭が、池と竹だけの庭だったようです。白楽天の庭にたいそう影響を受けた夢窓疎石は、独自の修行のための簡素な庭を追求することになります。これが、夢窓疎石にとって理想の庭とも言える瑞泉寺の庭に繋がっていくのです。

夢窓疎石は、幼いときの経験からでしょうか、争いごとが大嫌いでした。評判が評判を呼び、徐々に注目されていきますが、寺の役付きに指名されたり、権力争いなどに巻き込まれたりするのを恐れて、人里離れた美しい景色の場所で修行したいと、身を隠して諸国行脚をします。それでも、行くところ行くところ、夢窓疎石のもとに人が集まってくるのです。

39歳のときに、美濃の土岐川に臨む長瀬山（今の多治見）に庵を結びます。景勝の地であり、庭造りにも適していました。この庵に「古渓」と扁額を掛けますが、後に「虎渓」と改名します。中国廬山の虎渓の景色のようだというのが、改名の理由です。ここが、私も訪れた虎渓山永保寺です。池泉式の庭で、地形をうまく利用し山から岩壁に沿って滝の大きな石組があり、池の中心に虹形のそり橋が架かっています。西の山には座禅石があり、庭園を一望できます。夢窓疎石には理想的な座禅のための庭でしたが、また徐々に人が集まってきて、ここも安住の地ではなくなります。

夢窓疎石と瑞泉寺

夢窓疎石は身を隠していましたが、ついに観念して、45歳のときに鎌倉へ向かいます。そして53歳で瑞泉寺の庭を造ります。三面が山の、隠遁生活には絶好の場所でした。少しだけ開けたところからは、富士山が眺望できます。

梅が咲く頃、私は瑞泉寺の庭を訪ねることができました。山道を登ると梅林が開け、その奥の本堂前を左側から回ると、山に沿うようにその庭はありました。石灰岩の岩肌に大きな洞窟「天女洞《にょどう》」、そしてその右側に小さな洞窟「葆光窟《ほこうくつ》」。その脇に滝が流れ、滝壺には水を二分する水分石がありました。山頂には、見晴らしの良い茶室「遍界一覧亭」（非公開）があります。天女窟の手前には貯清池があり、小島が浮かび、橋が二つ架かっていました。

夢窓疎石はきっと自分の理想郷を目指したのでしょう。あらゆる無駄を取り去った究極の「修禅の庭」がそこにありました。ここに立ったとき、私は感動で足がすくみ、思わず涙が出ました。夢窓疎石はこの地を、「天、尺地を封じて帰休を許す」と語ったそうです。小さな宇宙を天が下さったというふうに感じたのでしょう。滝の音を聞きながら、葆光窟の中で座禅をした師の姿が想像できます。

山頂の「遍界一覧亭」で詠んだ夢窓疎石の歌が、前出『夢窓疎石の庭と人生』の中に紹介されています。

――前もまた　重なる山のいほりにて　こずえにつづく　庭の白雪

つまり夢窓は偏界一覧亭から見えるかぎりの風景を、みな自分の庭に見立てているのです。こうなると瑞泉院は、庭の範疇をこえた宇宙自然の存在に思いを馳せる場となるでしょう。しかしこの庭が完成したころ、夢窓が見下ろした幕府の首都の光景は、今や落ちなんとする斜陽にかがやく北条政権の末路でした。夢窓はその北条氏の末期に引導をわたすため、この庭を築きました。——

夢窓疎石は「遍界一覧亭」で雅会を開き、当時の執権だった北条高時も招いています。そして幕府崩壊のとき、夢窓疎石は瑞泉寺で北条政権の最期を見届けることになります。逃げ惑う兵士や庶民を迎え入れ、怪我をした人達を助けることに専念します。

室町時代の始まりと天龍寺

鎌倉時代の終わり頃、夢窓疎石は甲斐に恵林寺を建立し、庭園も造ったとされています。そして、1333年（夢窓疎石59歳のとき）、新政権の後醍醐天皇が、夢窓疎石を京都へ呼び寄せます。恵林寺から京都までが最後の旅となり、臨川寺が終の住処となります。

1334年、後醍醐天皇に法衣を授けて、師弟の礼を執り行いました。ここから、夢窓疎石は鄙びた場所に庵を構えて修行にこもる生活を一変させて、権力の座に座ることになります。彼を変えさせたのは、乱世を治め、万民が平和に暮らせる世の中にするためには、禅の教えを普及させることが急務との固い決意からでした。臨川寺に特権が与えられたことで、北朝（足利尊氏側）・南朝（後醍醐天皇側）のどちらにも組みせず揺るがない地位を得ることになります。

1335年臨川寺は、夢窓疎石を国師として開山されます。夢窓疎石は、寺の北側に塔亭を建て寺内を整え、「三会院《さんねいん》」と名付けます。

政権が二分された南北朝時代は、三代将軍・足利義満の時代まで続きます。京都に幕府をおいた尊氏は、1336年夢窓疎石に帰依します。夢窓疎石は、「万民が望む政治体制に即した五山制度」を目指すため、中立の立場をとりながら、南禅寺、建仁寺からの招きを断ります。夢窓疎石は文人僧達と交流を深めながら、庭造りへの思いをさらに強くしていきました。

1339年、尊氏に仕える藤原親秀は、西芳寺の復興を夢窓疎石に依頼します。心の形をした池（心字池）を中心に瑠璃殿を建てます（詳細は、スティーブ・ジョブズの項参照）。親秀の許可を得て、夢窓疎石は復興に際し西芳寺に住みます。山間に険しい枯滝を設置し、座禅石から全ての景観が見渡せる庭は、彼特有の「修禅の庭」でありました。

西芳寺へは、あらゆる階層の人々が夢窓疎石の徳を得るために訪ねてきて、サロン化していたようです。夢窓疎石は全国に情報ネットワークがあり、さまざまな情報が集まりました。足利尊氏も夢窓疎石の知恵と情報を得たいために、この西芳寺を訪れたようです。

1339年、南朝の後醍醐天皇が吉野で崩御します。夢窓疎石は足利尊氏に頼み、亀山離宮に後醍醐天皇を祀る寺を建てることにします。その資金調達のため、夢窓疎石指揮の下、天龍寺船を中国へ派遣します。

同年、夢窓疎石を開祖として、天龍寺は建立されました。現在よりはもっと広い敷地で、「禅の修行が10段階ある」ことから「亀山十境」と名付けました。渡月橋や大堰川《おおいがわ》、嵐山全体をも含む壮大なスケールの庭園観でした。

現在も天龍寺の方丈の前には、曹源池と名付けられた池が広がり、対岸には滝石組の龍門瀑があります。真ん中には、滝を登って龍に変化する鯉魚石が存在します。手前には、日本最古の自然石の石橋が架かっています。鋭く尖った石を中心に据えた島もあり、これは蓬莱山と鶴島を兼ねたものになっています。池岸には、亀島があります。池の南側には蓬莱山に向かう夜泊石もあります。遠くには嵐山をはじめとして、春は桜色に、秋は紅葉色に多様に変化する美しい山並みが望め、それを借景としています。山々が色鮮やかなときは、池にも景色が映って、より雄大な風景となります。まるで鏡のように周りの景色が池に映し出されるのは、池の底に白泥が敷き詰められているからです。この天龍寺の庭園が、夢窓疎石が手がけた最後の大事業でありました。

飢饉が起きるなど戦後の不安定な時期に、夢窓疎石はこのような大事業を企て、民を苦しめたのではないかと思われがちですが、むしろ、この事業によって、多くの難民を労働者として使いました。ただ働かせるだけでなく、職業訓練も行いました。そのおかげで、室町時代には、庭造りに長けた労働者が増え、京都五山を中心に歴史に残る庭園が生まれることになります。

1351年、夢窓疎石77歳のときに、病になります。朝廷より治療の申し出があったとき、「老病は自然なり。医療の救うところにあらず」と断ったそうです。弟子達に後を託して、同年9月30日、臨川寺三会院の南詢《なんしゅんあん》軒で、亡くなりました。遠くからも門弟達が大勢集まり、夢窓疎石の死を悲しんだと言われています。最期まで、人々に愛された存在でした。

夢窓疎石の庭園の特徴

室町時代の庭の特徴は、後の江戸時代と違って、石組の石がそんなに大きくないことです。規模が小さいので、より自然の中に溶け込んだ庭園です。まだ、切石の技術がなかったので大きな石を使えなかったという理由もありますが、私の考えでは、石組を中心に据えるのではなく、石組は庭全体の中にあって、ちょっとしたアクセサリーのような存在だったのではないかと思います。室町時代に造られた禅寺の庭、特に夢窓疎石の造った庭園は、より自然らしさを感じます。

また、「修禅の庭」は、禅の修行、つまりその庭園を前にして、座禅を組むことが目的です。ですから、「修禅の庭」を造るときには、庭を見渡せる位置に座禅石が置かれます。

私が「天龍寺が庭園の教科書」と思ったように、仏教や道教からきた蓬萊山、鶴島・亀島、龍門瀑などを用い、禅宗の奥義を極めていることが夢窓疎石の庭園の特徴です。蓬萊山に向かう夜泊石は天龍寺、西芳寺の両寺で見ることができますが、その飛び石が池に直線を描く配置に、あるデザイン性が感じられます。

念入りに選んだ石で、素晴らしいバランス感覚をもって据えられている島の周りの護岸石組もまた、行かれた際にはぜひ見ていただきたいポイントです。

決して中心に据えられている石組ではないのですが、庭園を歩くうちに見出されるように造られています。歩いて瞑想するヴィパッサナー瞑想というものがあります。禅ではこれを経行《きんひん》と呼びます。夢窓疎石の造った庭は、歩いているうちに精神統一ができ、仏教の哲学を学べるわけです。

庭園の手入れも禅の修行の一貫です。毎日行う作業ですが、庭の掃除をしながら無心になることで、無の状態をつくります。庭園は、あらゆる禅の修行ができる場所なのです。理想の禅道場、これが夢窓疎石の「修禅の庭」でした。

また、夢窓疎石は、奥深い山あいの風光明媚な場所を選んで、庭を造っています。周りの自然の美しさを借景とし庭と一体化させ、広大な宇宙空間を作りたいという、強い気持ちがあったからではないでしょうか。庭そのものは無駄を取り去り、素朴な美しさを表現しています。これが、茶の湯を通じて、その先の美意識「侘び寂び」に結び付いていきました。

夢窓疎石が生きた時代は、鎌倉幕府滅亡、室町幕府設立後の足利尊氏将軍と後醍醐天皇との対立や、尊氏の弟・足利直義が起こした内乱などに巻き込まれ、多くの民が苦しみ、死んでいきました。その菩提を弔うために、全国に安国寺、利生塔を建てることを、夢窓疎石は足利尊氏に勧めていました。鎌倉瑞泉寺の洞窟は、もともと死者の祠でありました。西芳寺の山上も、かつては死者をいったん埋葬する場所だったそうです。天龍寺は、敵であった後醍醐天皇が亡くなってから、足利尊氏がその魂を鎮めるために建てた寺です。そのため、動乱の時代を嘆いて、夢窓疎石が死者を弔うために庭を造ったという説もあります。

権力に頼らず、中立を守って国のことを憂いていた夢窓疎石だからこそ、身分を問わず、天子、将軍、仏門、平民とあらゆる人々から慕われたのでしょう。

第二章　権力の象徴

神泉苑（京都）

第二章は、「権力の象徴」という視点から、四人の成功者と一人の作庭家を選びました。庭と権力がどのように結びついたかはそれぞれです。財を投じて庭園を造るためには、それなりの財力、つまり権力との関係は無視できません。名園に欠かせない一面です。そして、権力に翻弄されながら庭造りをした作庭家の存在も注目したいポイントです。

一人目は、平安時代の空海です。空海は権力とはほど遠い存在でしたが、高野山で最後の修行をする前に、京都で権力争いに巻き込まれました。空海がすべて自力で、とてつもない偉業を仏教界で達成することのできた、その長けた才能を羨やむ人が少なからずいたのです。特に、京都神泉苑での雨乞いを巡る「法力争い」。神泉苑という聖なる庭が雨乞いに使われたというのは、日本庭園史のなかでも知っておきたい事実です。

二人目は、室町時代の全盛期を築いた足利義満です。地盤のない新興幕府の若き後継者から、武家、公家、僧侶を総じた最高位の頂点に登りつめた人は、歴史上、彼だけではないかと思います。刀と雅楽の楽器である笙《しょう》を使って最高権力を手に入れたとき、金閣寺が出来上がりました。金閣寺は、出家して禅僧になり、日本国王と自称した義満を象徴しています。しかし、あらゆる権力を手に入れた義満でも逃がれられなかったもの、それが「死の恐怖」だったのではないでしょうか。だからなのか、金閣寺のその庭は、西日に輝く極楽浄土を表しています。

三人目は、安土桃山時代の豊臣秀吉です。低い身分に生まれながら関白にまで出世しました。生まれた環境がやがて、「土木マニア秀吉」を形成していきます。西欧文化も貪欲に自分の権力に取り入れようとしました。そして、その天下取りの象徴である石が、醍醐《だいご》寺《じ》の三宝院《さんぼういん》の庭にあります。この庭の完成をまたず、秀吉は亡くなり、やがて豊臣家も滅びてしまいます。秀吉は醍醐の桜を愛でながら、この世の儚さを感じていたのかもしれません。

四人目は、明治維新後に財を成した三菱財閥の創始者、岩崎彌太郎です。土佐での極貧の生活から大富豪へと、商売を通して成り上がっていきました。幕末の混乱を乗り越え、坂本龍馬の夢を実現させました。海運業にこだわった岩崎彌太郎だからこそ、可能にできた庭が清澄庭園です。そこは、宝石箱のようにあらゆる種類の名石が飾られています。もちろん、その石は、船と水路の確保から可能になったのです。庭園の後の新たなお役目にも注目すべきでしょう。

最後は、作庭家の小堀遠州です。その洗練された庭の意匠には、定評があります。秀吉の時代から江戸時代にかけて活躍した人物です。小堀遠州は、豊臣秀吉、後陽成天皇、徳川家康など、ときの権力者たちの間を転々とし、誰からも重宝がられた作庭家でもあり、茶人でもありました。そのデザイン性から「綺麗さび」と呼ばれ、遠州流は今も茶道、華道で受け継がれています。文化で権力の争いを和ませる、類まれなる才能も備えていました。その彼が造営に携わったのが、金地院《こんちいん》です。その庭は鶴亀蓬莱を具現化し、徳川家の栄華繁栄を願うために造られました。

長い歴史の中で、当然ながら、権力は移っていきます。その様を生き証人のように庭園は見てきました。そして、沈黙の中、庭園内の池や石は語りかけます。空海は、真言宗という密教を中国から日本に持ってきました。目に見えない宇宙のパワーが彼の周りに取り巻いていたのだと思います。足利義満、豊臣秀吉、そして岩崎彌太郎。莫大な財を築き、晩年に自分が満足する庭を造り上げます。三人とも、完成直後、または完成前に亡くなっているのは不思議なことです。小堀遠州もそうです。自分の隠居所にと手掛けた庭園の完成は見ていません。

空海は、高野山奥の院で深い瞑想に入り、そのまま１２００年近く経った今も瞑想していることになっています。死ぬことすらない環境に自分の身を置くというのは、まさに宇宙人的な存在のような気がします。他の四人は死の恐怖を目前に、庭園として、自分の栄華や安らぎの場所を残しておきたかったのではないでしょうか。

平家物語の冒頭部分が思い出されます。

「祇園精舎《ぎおんしょうじゃ》の鐘の声、諸行無常の響きあり。娑羅双樹《しゃらそうじゅ》の花の色、盛者必衰《じょうしゃひっすい》の理《ことわり》をあらはす。おごれる人も久しからず、ただ春の夜の夢のごとし。たけき者も遂にはほろびぬ、偏《ひとえ》に風の前の塵《ちり》に同じ。」歴史は繰り返されます。

この繰り返された歴史の中で、日本庭園も権力のパワーゲームに翻弄されていきます。西芳寺や金閣寺の石組の中には、銀閣寺の庭園を造るために取り去られた石もあります。11年もの長きにわたり続いた応仁の乱は、京都の美しい庭園をほとんど荒廃させました。

戦国時代もそうです。日本中が戦場となりました。ただ、平和な時代を迎えた江戸時代に、家康や家光によって、多くの建物や庭園が修復・復興されています。

そして、明治維新。近代化は進みましたが、その一方で廃仏毀釈で寺の土地を手放したり、仏像を売ったり、廃寺にしたりと、かなりのダメージと、それが原因で廃れた庭もたくさんありました。そして、震災や戦争で多くの庭が消失しました。

日本は今、日本庭園ブームを迎え、海外の方々の関心も高まってきているように思います。ひとえに、庭園に関わる方々のお世話の賜物だと思っています。枯葉の掃除から剪定まで、一年中仕事が続くわけです。今後もこの庭園管理が維持されることを強く望みます。

成功を手に入れると、人間は、自分の功績を他人に見せたい、自慢したい、権力を行使したいという煩悩にとらわれがちです。そういう人たちが最後に突き当たるのが、自分ではどうにもできない「死」です。

――私たちの心を陶酔させる庭園の快楽は、作者と作者が生きた文化が夢想した楽土の反照としてやってくる。そして、彼《あ》の世の楽土の此《こ》の世における顕現なればこそ、庭はいつも死の翳を帯びている。――（『庭園に死す』野田正彰著より）

庭に浄土という心の安らぎを見出せるとすれば、それは彼《あ》の世《よ》の入り口なのかもしれません。

空海（774年〜835年）と神泉苑（京都）

平安京の禁苑（宮中にある庭）として、現存最古の庭園、泉が湧き出る神泉苑。権力争いに巻き込まれた空海が雨乞いをし、東寺、西寺の運命を決めた場所でもある。

空海の唐での成果

空海は、お遍路でも有名な讃岐国（香川県）の地方豪族だった佐伯家の三男として生まれました。叔父の阿刀大足《あとのおおたり》を頼って京（長岡京と言われている）に出て、漢学や儒学を学び、18歳のときに大学に入ります。しかし、大学をやめてしまいます。空海自身が24歳のとき著した『三教指帰《さんごうしいき》』で、道教、儒教、仏教の中で、仏教がもっとも優れた教えであると語っています。大学をやめてから、得度せず、山林修行を重ねました（20歳の頃、得度したという説もあります）。修行中、ある沙門（僧となって仏法を修める人）から「虚空《こくう》蔵求聞持法《ぞうぐもんじほう》」という密教の行法（真言を百万回唱え、記憶力を高める）を学び、それを実践したことが、将来、弘法大師として真言密教を確立し得た大きなきっかけとなりました。

空海の弟子が編んだ『御遺告』には、聖なる言葉「真言」を唱え続けた空海が比類なき記憶力を得たある日、口の中に金星が飛び込んできた奇跡体験をしたと記されています。

空海は804年4月9日に、東大寺戒壇院で受戒したという説があります。その前後、3年間、東大寺で中国語を学習していたのではないかと言われています。確かに、語学というものは、いきなり現地に行って話せるものではありません。私は英語、仏語の通訳案内士として、外国人のお客様のガイドをしていますが、ネイティブでも帰国子女でもなかったので、語学習得には苦労が多かったです。ですから、空海がどのようにして中国語をマスターしたのか、大変、興味があります。唐から来た僧侶の多かった東大寺で、彼らから中国語を習い、基礎力をつけていたのではないかという説に賛同できます。

また、この奈良滞在の間に、空海は高野山を見つけていたようです。どうして、この辺りに来ていたかというと、水銀の鉱脈を探していたのではという説があります。空海は、日本各地に水脈を見つけるなど、地質学にも長けていました。彼が、いわゆる錬金術師（アルケミスト）だったという説です。では、なぜ水銀を探していたのか。それは唐へ自費で行くためであり、滞在期間は20年とされていたので、その間の資金確保だったと思われます。結局、唐の滞在を20年間から2年間に短縮しましたが、その短期間にたくさんの書籍や法具を買い集めています。そのことからも、空海は自力で、20年間、唐で暮らせる資金を手にしていたと思われます。

長安に入ったのが８０４年12月、当時の長安は国際都市であり、あらゆる宗教のあらゆる国籍の人々が集まっていました。空海は、早速、精力的に活動します。まず西明寺《さいみょうじ》を寄宿先とし、醴泉寺にてカシミール出身のインド人僧で、ナーランダ僧院に学び、南インドで密教を受法した般若三蔵《はんにゃさんぞう》に師事します。密教経典を訳出した人でした。その後、北インド出身で、ナーランダ僧院で学んだ牟尼室利《むにしり》三蔵に師事します。空海はこの二人から、サンスクリット語やインド思想を学んだとのちに語っています。４ヶ月の期間で、サンスクリット語をマスターするのは、なかなか難しいかもしれませんが、日本で基礎力をつけていたら、可能だったかもしれません。そして、８０５年5月に空海は、恵果阿闍梨《けいかあじゃり》と運命的な出会いをします。

真言密教と曼荼羅思想

８０５年５月、空海31歳のとき、真言宗付法第七祖である青龍寺の恵果（当時60歳）に出会います。すでに、死を予感していた恵果は、空海との出会いをたいそう喜んだそうです。

恵果は、同年６月上旬に胎蔵界《たいぞう》の灌頂《がんじょう》、７月上旬には金剛界《こんごうかい》の灌頂、８月上旬に伝法阿闍梨位の灌頂を空海に与えます。それは集中特別講座のようなものでした。青龍寺の法灯は全て空海に授けられたことになります。当時、青龍寺には１０００人ほどの僧がいましたが、恵果は空海を自分の後継に見据えていたのでしょう。それでは、彼の教えとはどのようなものだったのでしょうか。

当時、密教というのは、日本ではまったく新しい宗教でした。印を結び、なりたい仏像をイメージして、聖なる呪文（真言）を唱えます。そして、そのときに必要なものが、曼《まん》茶羅《だら》（曼陀羅）でした。密教の異なった二つの曼荼羅を「対にして使う」というのが、両部曼荼羅で、大日如来の説く真理や悟りの境地を視覚的に表現しました。一つは胎蔵《たいぞう》界曼荼羅、二つ目は金剛界《こんごうかい》曼荼羅です。

これは恵果による新たな考え方です。空海は、たった半年でその青写真を受け継ぎ、帰国後、実践していくことになります。

恵果は、「御請来目録《ごしょうらいもくろく》」で「早く郷国に帰りて以って国家に奉り、天下に流布して蒼生の福を増せ」と空海に言い残しこの世を去ります。空海は師の言葉に従い、滞在を2年で切り上げ、日本に帰ります。「御請来目録」を朝廷に差し出すなど空海が持ち帰った経典には貴重なものも多く、最澄は空海に対し、これらの書物の貸し出しを何度も願うことになります。

帰国した空海にとっての東寺、高野山

809年4月に、嵯峨天皇が即位します。空海はこの天皇との結びつきを深めていきました。そして嵯峨天皇が、真言密教の保護者となります。821年、空海は、讃岐の満濃池の修築にも携わっています。空海は、地質や植物などから、地下水脈が近くにあるかどうか判断できました。水の豊富な高野山を見つけたのも、この能力があったからだとされています。

823年、空海50歳のときに、嵯峨天皇より東寺が勅賜されます。ここを空海は真言秘

密道場としました。空海は、胎蔵界曼荼羅と金剛界曼荼羅を両側にかけて、「御七日御修法《ごしちにちのみしゅほう》」をして、天下平安、国家安泰を祈禱しました。また、この東寺で、空海は様々に変様した曼荼羅を作っています。三昧耶《さんまや》曼荼羅は、金剛界曼荼羅の九に分けられた中下の部分を現し、仏・菩薩が一切の生きとし生けるものを救済されるために起こした誓願を象徴するもので、法具と五鈷杵《ごこしょ》が描かれています。種子《しゅじ》曼荼羅は仏や菩薩の図像でなく、種子つまり梵字であらわした曼荼羅で、真ん中の大日如来の場所には、万物の始まりの音である「阿《あ》」の梵字が書かれています。圧巻の曼荼羅は立体曼荼羅です。21体の如来、菩薩、明王、天などの尊像がそれぞれグループとなり講堂に並んでいます。特に、象に乗った帝釈天は「イケメン」像として、仏女《ブッジョ》の人気を博しています。

神泉苑の歴史

この時期は、空海は利他行が中心の胎蔵曼荼羅の世界を目指し、庶民救済で徳を積んでいました。後述する神泉苑の雨乞いもそのひとつです。こうして空海は、「大師様」としてあらゆる人々に慕われていきます。

神泉苑は、観光地として賑わう二条城の南側に位置しています。都を京都に移した6年後、桓武天皇が800年には神泉苑で舟遊びをしていたそうです。神泉苑は、当時は大内裏の南に位置し、湿地帯と花崗岩質の土地とのちょうど間にあり、神泉から流出した大池の中に中島がありました。

元々は、北側に南向きの建物が建ち、その両脇に閣と釣殿《つりどの》がある、典型的な寝殿造《しんでんづくり》の庭園でした。寝殿造の庭園の水の流れというのは、北東から入り、池の中央を東から西に通り、西南に出る形が基本だったので、北東の場所に湧き水があったことが理解できます。

平安時代初期、湧き水の出る湖沼の一部を利用して「禁苑《きんえん》」（天皇御遊の庭園）とし、天皇や皇族などが、龍頭鷁首《りゅうとうげきす》の舟を浮かべ、舟遊びをしていました。それがやがて、空海を始め、雨乞いをする儀式の場となりました。空海以外にも、安倍晴明の息子や、小野小町などたくさんの人が雨乞いにこの地を訪れました。ここで白拍子の静御前が雨乞いの舞をし、義経が見初めたというエピソードも残っています。

奈良時代から平安時代にかけては、非業の死をとげた御霊が世を恨んで疫病をはやらせたり、怨霊になって現れると考えられていました。清和天皇の頃、863年5月20日に、朝廷は神泉苑で盛大な御霊《ごりょうえ》会を催しました。

――貞観十一年（八六九）には、長さ二丈の鉾《ほこ》を六十六本（国の数という）立てて　神泉苑にくりこみ、厄払いをした。――（『東寺真言宗　神泉苑』より）

後世にはこれに車をつけ、飾りを施して祇園《ぎおん》御霊会になったと言われています。つまり、神泉苑で始まった御霊会が、祇園祭鉾巡業の起源なのです。

室町時代以降この場所は廃れてしまいますが、1601年に徳川家康が、湧き水に目をつけ、北側に二条城を建てます。その結果、神泉苑は4分の1ほど境域を失い、縮小されました。そして、この水源は二条城の外堀、内堀、城内の小堀遠州作の二の丸庭園の池の水にも使われたのです。

1392年より1869年まで、京都御所は、大内裏から東に1・7kmの現在地が正式な皇居でありました。不思議なことに、御所を中心に、鬼門の方角の北東には、下鴨神社、修学院離宮、比叡山があり、裏鬼門の南西には、二条城（神泉苑）、桂離宮と全て一直線に並んでいます。これは天皇と徳川家康将軍の鬼門をめぐるパワーゲームのような様相に思えてしまいます。神泉苑がいかに都の重要な場所だったかということが想像できますし、今でもパワースポットと言われるゆえんではないでしょうか。

神泉苑での空海の雨乞い

神泉苑の冊子によると、弘法大師（空海）は天皇より東寺を賜り、足繁く大内裏に参内し、その都度、神泉苑に立ち寄ったそうです。

——淳和天皇の天長元年（八二四）の大旱魃《だいかんばつ》に、西寺（東寺に対して羅城門の西にあった）の守敏僧都《しゅびんそうず》は勅命により祈雨をしたが効験なく、次に勅命は弘法大師にくだった。守敏はこれをねたみ、三千世界の龍神を水瓶《すいびょう》に封じ込んだ。弘法大師は祈雨修法の効験がなく雨が降らぬので、定《じょう》に入《い》って観じたところ、唯一、北天竺《てんじく》の大雪山の北、無熱池《むねっち》（現在チベットのマナサロワール湖と比定されている）に住む善女龍王《ぜんにょりゅうおう》のみが守敏の呪《じゅ》力《りき》を逃れているのを見出された。そこで、大師は善女龍王を神泉苑の池に勧請《かんじょう》（おまねき）し、和《わ》気真《げのま》綱《づな》を勅使《ちょくし》として種々の供物をそなえ、請雨法を修せられた。善女龍王は大師の懇志《こんし》に感じて池中より大蛇の頭上に金色《こんじき》八寸の御姿を現し、慈雲たちまちにして起こり、甘雨の降ることはあたかも天瓢《てんぴょう》の水を注ぐが如く、旱天《かんてん》（ひでり）の災はた

ちどころに解消したという。これは弘法大師御事蹟の一に数えられ、「天長の祈雨」と称せられ、また俗に「弘法守敏の法力《ほうりき》争い」ともいわれている。——

『今昔物語』にも、「弘法大師請雨《しょうう》経法《きょうのほう》を修して雨を降らすこと」とあり、干ばつにより、天皇以下人民に至るまで嘆き悲しんだとき、弘法大師が雨乞いを修し、人民を助けたという話が記されています。

空海と高野山　奥の院

８３２年、59歳になった空海は、自らの悟りの成就のため高野山にこもります。これは深い自然の中に入り、十段階目の金剛界曼荼羅の中心に行く、修行の最後の務めとなります。

８３５年、62歳のとき、最後の教えとして「吾れ生期、今いくばくならず。仁等、好く住して慎んで教法を慎み守れ。吾れ永く山に帰らん」と説きました。１２００年近く前、高野山　奥の院で深い瞑想に入った空海は、今でも生きとし生けるもののために祈り続けていると言われています。ですから、四国88箇所のお遍路を無事に済ませた人は、最後にこの奥の院の空海に報告にくるのです。また、奥の院の墓地には、戦国武将、例えば上杉謙信、武田信玄などあらゆる武将が、空海のそばで眠りたいと集まってきているのです。

空海が御廟で入定されたとき、座ったままだったと語りつがれています。空海は廟所でいまだ生き続け、永遠の祈りをあげていると信じられています。現在に至っても、食事が捧げられる「生身供《しょうじんぐ》」と呼ばれる儀式があるのはそのためです。

空海と祈雨の庭

本章は、庭が権力の象徴として造られたことをメインテーマにしていますが、空海の場合はやや異なります。空海が権力争いに巻き込まれた場面に庭が登場すると言った方がいいでしょう。

『性霊集』は、弟子が編集した空海の漢詩文集ですが、中に神泉苑について詠んだ詩「秋の日、神泉苑を観る」があります。内容は、「神泉苑を散策して、季節の変化を観察すると、うっとりとしてそこから帰ることができない。台閣は、神が作られたようで、鏡のような池は澄み渡り、陽の光を包む。鶴は天まで声を響かせ、御苑に慣れていて、コウノトりは、羽を休めていたが、今にも翔び立ちそう。魚は藻草の間を泳ぎまわり、鹿は草むらの奥で鳴き、私の衣は露に濡れている。神泉苑の空を飛ぶ鳥も地に棲む魚や鹿も、天皇の徳を感じ、秋の月と秋の風はめでる人もないまま扉のうちに入ってくる。鳥獣が草や粟など食べながらそこら中にいる。ゆったり連れ立って舞い、深遠な道理の中にいる」。書や漢詩の名手としても知られた空海が、神泉苑では、生きとし生けるものが天皇の徳を感じながら、道理の中に存在すると説いています。それはまるで、天皇中心に、あらゆる生きものが存在する曼荼羅図のように私には感じられました。

優雅で美しい「禁苑」が「祈雨の霊場」となったのは、日本中の日照りの際、空海が天皇の命を承け、雨乞いをしたことに始まります。では、実際空海は、どのように請雨法を行ったのでしょうか。三つの説をここで紹介したいと思います。

一つ目は、空海が唐で出会った恵果も、人民共済のために雨乞い、雨を止める、病気治癒などを実践していたそうです。空海は、恵果から、その手法を学んでいたのではないでしょうか。のちに東寺で行われたように、胎蔵界曼荼羅と金剛界曼荼羅、この二つの曼荼羅を祈禱する祭壇の両側にかけて念じたのかもしれません。曼荼羅は飾るためのものではなく、瞑想によって曼荼羅の世界に入ることで、仏と一体となり、雨を降らすことができるのだそうです。

二つ目の説は、ヒンドゥー教の「十六のウパチャーラによるプージャ」というのがあり、これは神をもてなす方法です。『最澄と空海』（立川武蔵著）にも記されています。

――ようするに、招きに応じて来た神に、まず座などを差し出して落ち着いてもらい（二―五）、沐浴をさせ（六）、御馳走などを出し（七―一三）、右回りに回るなどした後帰るのを見送る（一四―一六）という手順を経るのである。（中略）このようなプージャの形式は、仏教においてもとり入れられた。虚空蔵求聞持法も、大筋においては今見たような手順を踏んでいる。プージャ（供養、供養法）の中核的部分の沐浴に対応する場面で、虚空蔵菩薩の実質的な観想がおこなわれる。――

「ご馳走などを出し」と書かれているので、和気真綱《わけのまつな》（官人で空海の外護者）を勅使として種々の供物を供え、この法力を利用したとも考えられます。

三つ目の説です。空海は自然界の中に身を置いて修行をすると同時に、水脈や水銀を探り当てる特別な技術を持っていました。なので、彼にとって天気予報、つまり風を読んで雨を感じるのは、たやすいことだったということです。ちょうど、雨が降りそうなタイミングで、雨乞いの儀式をしたのではないかと。しかし、これは現実的な考え方なので、私はあえて空海が法力を養っていたとする側に立ちたいと思います。

神泉苑の法力争い後、恨みを持った守敏が空海に矢を放ちます。それを助けたのが矢負いの地蔵だったという伝説もあります。やがて、西寺を司る守敏は力を失い、今は、東寺だけが京都に残っているのです。

神泉苑の池は、空海の雨乞いにより、法成就池《ほうじょうじゅいけ》と呼ばれるようになりました。池の中心には、善女龍王を祀るお社が池に突き出るように建っています。その左横の赤い橋は法成橋です。本堂でお札を買い、一つだけ願いをかけてその橋を渡ると、願い事が叶うと言われています。

足利義満（1358年〜1408年）と金閣寺（京都）

日本国王と自称した足利義満による金閣寺の庭は、
夕日までも計算に入れて築かれた。
政治力に長け芸術にも造詣の深かった義満が、
金色に輝く世界に込めた真の野望とは。

義満のラッキー人生

日本史を通して権力について語るとき、まず、この人を紹介しないといけません。足利義満は、公家、武家、僧侶のトップに立ち、外交、文化、ビジネスを繁栄させ、あらゆる意味で日ノ本一（ナンバーワン）となりました。義満は、足利尊氏からかぞえて、第三代になります。三代目なのですが、ボンボンというよりは、本当にバランスのとれた才能豊かな人であり、側近や兄弟にも支えられ人に恵まれていたなど、生まれてからの環境を考えると、とてもラッキーだったことがわかります。

義満が最終的に絶対的支配権を牛耳った、その象徴が金閣寺です。義満没後、金閣寺は衰退の道をたどり、現在は舎利殿であった金閣寺の建物とそれを取り巻く美しい庭園を残すだけとなりました。けれども、この建物と庭園にこそ、義満の野望や夢があり、それが今日では、日本を代表する観光地として、世界の人々を魅了しています。

1358年、義満は、二代将軍・義詮《よしあきら》の側室の子として生まれます。祖父の足利尊氏が没したその年に、生まれました。父親と正室・渋川幸子の間に息子がいましたが、すでに他界していました。そのため、義満にとってはラッキーなことに、義満が嫡男となります。同じ側室の弟は控えめで常に兄義満を立てていたので、家督争いもありませんでした。

義満が生まれた頃は、南北朝時代という都が京都（足利尊氏が擁立する北朝）と吉野（後醍醐天皇の南朝）に分かれて存在するダブル政権の時代でありました。幕府も政治も混乱の時代なので、播磨白旗城主・赤松則祐《そくゆう》に養育され、播磨に逃れていたこともあります。

細川頼之の妻が義満の乳母であったので、播磨にかくまったのはこの夫妻だったようです。1367年、義満が11歳のとき、父親の二代将軍・足利義詮が亡くなる前に、義満を枕元に呼び、「頼之を父と思って逆らってはいけない」と言い残したそうです。義満と頼之は、その後、一時敵対する立場にもなりましたが、最後まで細川頼之の義満に対する忠誠心は続いたそうです。これから紹介する金閣寺の庭園にも、大名から寄贈された赤松石、細川石、畠山石が存在します。細川石は細川家から贈られた石で、庭園の一番大切な中心の葦原島（蓬萊島）に残されています。

義満10歳（1367年）のとき家督を継ぎ、翌年第三代将軍となります。その翌年に元服したので、いかに若いときに将軍職に就いたかがわかります。1375、1376年頃、正室、日野業子《ひのなりこ》を迎え、子供はできなかったのですが、仲むつまじい夫妻でした。側室は大勢持ったそうです。諸大名に対し、武力行使など毅然とした態度を取りながら一方で譲歩もし、バランスよく政治を行いました。義満の若いときは細川頼之が行う、土地制度の整備などに学び、それが義満の政治采配の手本となりました。

興福寺が南朝方に、「奪われた寺社領の返還を求め」て、春日大社の神木を掲げて強訴をしたときも、毅然とした態度で退けました。しかしただ一方的に威圧するのではなく、興福寺や延暦寺にも直接対話ができるシステムを設けて、寺領確保や仏事再興などの務めもバランスよく成し遂げます。守護大名の反乱には実力行使で制圧したり、武家同士の争いを平定したり、その一方で、寺院の建立をしたり、行事を復活させたりするなど、義満は着々と業績をあげていきました。それに伴い位も高くなります。武士で最高の将軍だけでなく、公家・武家の中の源氏の流れをくむ最高位である源氏長者になりました。そして、准三后《じゅんさんごう》という、朝廷内の極めて高い地位にも就きます。

自分の立場を強めるため、さらに公家の官位を上げるために、義満がとった秘策は、雅楽で使われる笙《しょう》をマスターすることだったと言われています。また、笙を演奏することは、仏への功徳だったので、人を殺す悪行を職とする武人を清める効果もあったそうです。笙の腕を見込まれ、義満は着実に出世していきます。舞や和歌などに長けていたのも、公家社会との交流から来ていたものです。

１３９２年には、南朝の後亀山天皇から、三種の神器（八咫鏡、天叢雲剣、八尺瓊勾玉）を接収し、それを以って57年続いた南北朝時代に終止符を打ち、南北朝を統一させました。

室町第の造営

南北朝統一後、義満は、京都室町に立派な御所・室町第（室町殿とも言う）を造営します。足利幕府の時代が、室町時代と称されるようになったのは、この室町第からきており、ここが政治の中心となりました。室町第の庭は銘木が集められ、四季の花々で飾られていました。ですから、室町第の通称は、「花の御所」でした。義満は、この広大で雅な場所に、天皇や公家を招待して、蹴鞠や詩歌の会を催します。

足利家は源氏の流れをくむ武家ですが、京都に幕府をおき、天皇や公家と密接な関係を保つため、貴族好みの文化芸術にも長けていました。歴代の足利将軍は、武家と公家の要素が入り混じっていたことが、ほかの幕府と比べて際立った特徴だと思います。また、当時の将軍は、禅宗（臨済宗）に深く傾倒していたので、家督を譲ると禅宗の僧侶になりました。そしてそれが、文化や芸術と禅を結びつけ、日本独自の文化芸能を発展させるきっかけとなりました。

さて、やっと南北朝を統一させた義満ですが、明との交易に、問題を抱えていました。明国は、南朝の天皇を交渉相手と認めていたので、いくら権力があってもその位が下である将軍は、直接話し合う立場ではなかったのです。義満が、明と交渉できるのはさらに後のことになります。

夢窓疎石を尊敬していた義満

義満が生まれたのは、夢窓疎石が没して7年後です。でも、夢窓疎石のことを大変尊敬していたようです。夢窓疎石の教えを受けた弟子の春屋妙葩《しゅんおくみょうは》を起用し、五山制度の整備にも力を注ぎました。

義満は、夢窓疎石が再興した西芳寺に何度も足を運び、座禅を組んでいました。その様子が、『空華《くうげ》日用工夫略集《にちようくふうりゃくしゅう》』に、記録されています。

――午前二時ころに及ぶまで、将軍義満公は坐禅に打ち込んだ後、坐禅を解いて少し眠りについた。再び朝食後に坐禅、そして、……昼食後、義満公は衣に着替え、再び指東庵に赴き、一人坐禅三昧に入る。皆はなぜ坐禅の時間を惜しまないのかと思った。義満公は、私はただ開山夢窓国師の教えを慕っているだけであると言った。――（『禅僧とめぐる京の名庭』枡野俊明著より）

西芳寺で夢窓疎石に思いを馳せて、座禅三昧をしたことが、その後造営する金閣寺の庭園構想の土台となっています。ですので、金閣寺の庭園は、義満が思いのままに座禅できる場所として造られたという一面もあると言えるでしょう。

北山殿(金閣寺)建立と日本国王

こうして権力を思いのままにしてきた義満ですが、１３９４年に将軍職を9歳の息子・義持《よしもち》に譲ります。そして１３９５年、義満は出家します。ただ、全ての実権はまだ義満の手中にあり、１３９７年から造営を開始した北山殿《きたやまどの》、今の金閣寺（鹿苑寺）が政治の中心となります。

なぜ、この北山の地に自分のために別荘を建てたのでしょう。色々理由が考えられますが、ひとつは彼が菅原道真を祀る北野天満宮（義満は34回参拝している）を信仰していたことです。義満は、公家で学識のあった菅原道真公を尊敬していました。その地よりさらに北に位置する北山第に居を持つことを決めました。

また、庭の造りからもわかるのですが、ここは以前、公卿であった西園寺公経の別荘でした。基本的には寝殿造という貴族の庭が、すでに存在していました。一から水を引いて池を造るのは時間も労力もかかるので、以前からあった庭を再利用して造り直すことが、当時の庭園造りの常でした。西園寺公経が造った庭園は、浄土式庭園でもありました。西に向かって池が広がり、あの世が西に存在することを表しているのが特徴です（当時の遺構として残っているのは安民沢《あんみんたく》という沼池のみ）。

平安時代に完成した平等院鳳凰堂を中心とした池泉庭園が、浄土式庭園の見本でしょう。今の10円玉にも描かれていますね。鳳凰堂の屋根には対の鳳凰が置かれています（一万円札にも描かれている鳳凰）。

金閣寺の舎利殿の金箔や屋根の上の鳳凰は、より平等院に近づける意味合いもあったと思います。権力者としてあらゆる富と名声を手中にした義満も、死からは逃れられないものでした。その死と向き合うための浄土が必要だったのではないでしょうか。

付け加えると、鳳凰は義満より上位である天皇のもとに現れるとされていました。法皇というのは、本来、出家した上皇（退位した天皇）のことを指すので、義満はそれに値しません。ですが、将軍職を息子に継がせ、出家したことで天皇の臣下ではなくなった義満は、法皇のような立場をとります。この立場でもって、自分の位の高いことを世界に表明し、「日本国王」と自称して明との勘合貿易を実現し、巨額の富を得ました。自分が日本国王とアピールするのにふさわしい御殿が、この金閣寺だったのでしょう。

金閣寺の庭園と、義満が伝えたかったこと

金閣寺は、前述の舎利殿の金閣が有名ですね。これは義満が尊敬していた夢窓疎石が、西芳寺に建てた瑠璃殿を参考に造ったと言われています。ただ、瑠璃殿は二層式でしたが、金閣寺は三層式です。一層は寝殿造で法水院《ほうすいいん》、二層は武家造りで潮音洞《ちょうおんどう》、三層は唐様（禅宗建築）で究竟頂《くっきょうちょう》と呼ばれていました。舎利殿の三層構造は、建築的に平安時代、鎌倉時代、唐様の全ての様式を使っただけではなく、義満が公家であり、武士であり、禅僧であったことを表しています。二階には、岩屋観音と四天王が祀られ、三階には、仏舎利が置かれていたそうです。天井には、極楽浄土を想像させるような羽のついた菩薩が楽器をつまびく姿や、鳳図、凰図などが描かれていました。

庭園は、池が全体の中央に広がる池泉式庭園です。池の名前は鏡湖池《きょうこち》。池の底に白泥を敷くことで、水が白濁したようになり、そのおかげで景色が、水面に鏡のように浮かび上がる特性を利用しています。金色に輝く舎利殿もその水面に映り、壮大な風景が出来上

がります。

池の西側奥には借景として美しい形の衣笠山《きぬがさやま》の稜線が広がり、池には葦原島《あしはらじま》が浮かんでいます。葦原島の真ん中には、三つの石（三尊石）が配置され、島の先端には奇石の細川石があります。葦原島は蓬莱山を表しているので、舎利殿前からこの島に向かってポッンと飛石が置かれ、これは夜泊石とされています。葦原島の三尊石も夜泊石も、西芳寺の庭園に、似たような石組が見られます。そして、池の中の葦原島と舎利殿の間に、鶴島・亀島があります。鶴島・亀島の手前に置かれた、小ぶりですが、まるでそびえ立つ山のような変わった形の石を須弥山とし、九山八海を現しています。

舎利殿と方丈の間には、樹齢600年の五葉松があり、義満が盆栽として植えた松と言われています。松は大きく生長し、今は西に向いた舟の形をしていて、「陸舟《りくしゅう》の松《まつ》」と言われています。地面に植えられてから、西に向けて舟の形に刈り込まれたのは、浄土に向から舟を表すためです。

舎利殿には舟着場があり、庭散策の醍醐味である舟遊びを義満も楽しんだことが想像できます。舟着場側からも、池の中に数々の名石や名前のついた石を見つけることができます。舟着場から西方向の池の中に、出亀島、入亀島、その奥に古事記の国生み神話に出てくる淡路島があります。淡路島の手前に富士山の形をした畠山石、その横の陸から延びた半島先には、赤松石もあります。

池の周りを歩くと途中から、池とは離れて山のほうへと道が続きます。現在はお守りを売っている店がある賑やかな場所のすぐ横に、四角い形をした石があります。ほとんどの人が前を通り過ぎて行きますが、これは見過ごすべきではありません。座禅石といい、この石の上からの景色は良く、座禅にもってこいの場所だったのです。西芳寺で座禅三昧だった義満にとって、とても大切な石だったに違いありません。

さらに進むと左手に、義満がお茶を点てるために使った水として銀河泉《ぎんがせん》があり、隣に義満が手を洗ったとされる巌下水《がんかすい》があります。そのすぐ先をさらに登っていく細道沿いに低い竹垣があり、竹の組み方の特徴から「金閣寺垣」と呼ばれています。

続いて歩くと滝の音が聞こえてきます。この滝の下に、水に打たれた鯉の形をした石（鯉魚石）があり、これが龍門瀑《りゅうもんばく》を表しています。鯉が滝の頂上に上がると龍に変身するという中国の言い伝えで、夢窓疎石が造った庭、西芳寺や天龍寺にもそれらしき石（鯉魚石）が存在しています。ここで、オリジナルなのは、鯉魚石の右横に配置された小さめの鯉魚石です。この鯉は、自分が滝に登る順番を待っています。この鯉は、６００年もの長い間、自分の順番を忍耐強く待っているように見えます。この場所は、上の安民沢の池から高低差を使って水を下の池へと落とし滝を造っています。西芳寺は水無しの龍門瀑でしたが、金閣寺ではうまく水を引くことができたので、音の効果を出すためにも本物の滝を造り、龍門瀑を義満らしく表現したのだと思われます。

石段を上り、安民沢を通り過ぎると、山の上から舎利殿を見渡せる場所があります。ここからは、池の水は見えず、舎利殿と借景の衣笠山を同時に見渡すことができます。実は、このスポットが特別なのです。夕方には衣笠山の裏に沈む夕日が、舎利殿をより輝かせる瞬間があります。浄土の庭園としての絶景がここにあるのです。

金閣寺は午後五時に閉門してしまいますが、日の短い12月の午後四時半に入ると夕日が見られるときがあります。短い期間ですが、義満の浄土の庭を実感できます。その絶景ポイントの反対側をもう少し登った場所に、江戸時代に造られた茶室が佇んでいます。夕日を愛でる意味で夕佳亭《せっかてい》と名付けられたこの茶室は、西向きの方角に特別に窓が付けられています。

義満の頃は、茶室はまだできていませんでしたが、当時は北御所と南御所がありました。彼は北御所に住んでいたので、美しい夕日を見たのは確かだと思います。また、南御所には、義満の妻の日野康子《やすこ》が住んでいました。正妻の日野業子に先立たれた義満が後妻として迎えたのが康子でした。でも、彼女の死後、この場所も廃れていってしまいます。

金閣寺の美しい庭園は、建築、美術だけでなく、仏教、道教の意味合いを取り入れ、特に禅宗と浄土信仰が、大切な要素として表現されています。また、日本国王と自称した義満が、自分の権力を誇示するだけでなく、強力大名の忠誠心をも石で表しています。舟遊びに、座禅三昧と、義満はここに自分独自のユートピアを創りたかったのでしょう。

義満は、自分の健康などのために色々な祈禱をここで行ったようですが、富と名声を手にしたとき、足利家の繁栄が、自分の死後も永遠に続くと過信していたのでしょう。義満の人物像は資料を読んでもあまりよくわかりませんが、絶対君主であったことは間違いなさそうです。才能豊かでバランスのとれた采配で、政治、経済、芸術を、より優れたものに纏め上げる功績を残しました。しかし、ただ、権力が集中しすぎ自己中心的になり、そのことが足利家の繁栄を後世へと繫げなかった要因でしょう。

金閣寺と足利家の運命

義満は、51歳（1408年）でこの世を去ります。その後、金閣寺は臨済宗相国寺派に属する禅寺となります。正式名は義満の法号鹿苑院殿から、鹿苑寺《ろくおんじ》となりました。

1950年に、狂気にとらわれた僧が金閣寺の舎利殿に火をつけるというショッキングな事件が起こりました。のちに三島由紀夫がこれを題材に、小説『金閣寺』を書いています。創建時のオリジナルは完全に焼失しましたが、1955年に再建されました。

また、金箔の剝落などがひどかったので、昭和の大修理によって、金箔は5倍の厚さに押し替えられ、天井画も復元されました。1994年、世界文化遺産に登録されてからは、海外からのお客様も増え、代表的な観光地となりました。ただみなさま、舎利殿の写真は撮りますが、庭園自体を注意してご覧になる方はまだ少なく残念です。この庭園は、室町時代の代表的な傑作なのですから。

豊臣秀吉（1537年〜1598年）と醍醐寺三宝院《だいごじさんぼういん》（京都）

土木マニアの豊臣秀吉が造らせた三宝院の庭は、
醍醐、桜の名所だった。
天下人のみが所有できる藤戸石を
中心に展開された豪快な庭。

土木マニア秀吉の原点

最近、「土木マニアの秀吉」の一面が注目されはじめました。大坂城、京都の聚楽第以外にも、伏見の地に、指月《しげつ》伏見城、木幡《こはた》伏見城、淀城などを築城しています。秀吉は、ここ伏見を首都にしたかったようです。ですから、斜面に作った城下町は、等高線を無視して道を一直線に作り上げました。また、巨椋池《おぐらいけ》を水陸の交通の要所にするため、池の上に太閤堤という道を作り、巨椋池で宇治川と淀川を無理矢理直結させます。とにかく、大規模な土木工事を、短期間で完成させる能力に長けていたのです。そのルーツは、秀吉がまだ木下藤吉郎と言われていた頃に培った人間関係にありました。

江戸時代に纏められた『太閤素生記』によれば、秀吉は尾張国愛知郡中村（名古屋市）の木下弥右衛門の子で、幼名は猿、日吉丸と伝えられています。『建築家秀吉』（宮元健次著）の中で、秀吉の出自は「ワタリ」と呼ばれる定住地を持たない技術者集団と関係していたと書かれています。秀吉の母・なかはワタリの鍛冶師・関兼貞《せきかねさだ》の娘であり、秀吉自身も近江、浅井郡の鍛冶師に弟子入りしていたという説もあるそうです。

近江で、秀吉は優秀な大工・阿部家や甲良家と繋がり、また穴太《あのう》の石工という、石垣を作る集団とも関係を持っていました。この土木技術者達との交流が、「土木マニア秀吉」「普請狂」と言われるぐらい、城造りのノウハウを熟知した秀吉を作り上げていったのではないでしょうか。

16歳のとき、流浪の旅に出て、遠江《とおとうみ》久能の城主・松下加兵衛に拾われ仕えました。しかし、出奔し織田信長に仕えます。草履取から出世していく秀吉の姿は、あまりにも有名です。

穴太の領主・杉原家次は、秀吉の正室・北政所の叔父にあたります。豊臣秀次の右筆駒井中務少輔重勝による『駒井日記』に、穴太駿河、穴太三河、穴太出雲と名乗るものが秀吉の配下にいたと記されています。穴太は、石工をたくさん抱えていたので、この杉原家次の家臣達を、各地の築城に派遣したのだと言われています。秀吉が若いときに培った経験、侍ではなく職業集団だったということが、優れた職人を見抜く目を持っていた一つの要因だと思われます。

およそ100年間続いた戦国時代から、織田信長・豊臣秀吉が政権を担った安土桃山時代まで、武士の出世に必要な条件は、まず戦に勝つこと、そして城を建てることでした。下剋上と言われる時代なので、能力のあるものが上の立場にとって代わる、その際たるものが秀吉だったと思います。

秀吉が信長から賜った「御普請奉行」として采配を振った清洲城に始まり、大坂城、伏見城でも、秀吉は城を建てるための生産能率性を高める工夫を取りました。前出『建築家秀吉』では、日本で初めてのジョイントベンチャーと位置づけています。清洲城の塀の修理時は、「割普請」という仕組みで、約182メートルの塀を10に分割し、いくつかの大工集団を競わせて修理させました。「これは、一足軽が雑兵と呼ばれる荒々しい技術者集団を集めて統率したものであり、技術者集団について熟知していなければ、到底成功には至らなかったに違いない」と説明しています。

続いて、同書では墨俣一夜城《すのまたいちやじょう》に関して、現代的に言えば、秀吉はベルトコンベアーシステムと、プレハブ工法を採用したとしています。これを成し遂げた背景に、木曽川の上流の山林技術者や大工ら建築集団、そして彼らを護衛する野武士達の働きがありました。

大坂城、聚楽第、そして伏見城

1583年、信長の後継者となった秀吉は、大徳寺で信長一周忌を済ませると、大坂に城を構えるため入ります。城建築の構想を2ヶ月間練り、石山本願寺跡に城を建てることを決めました。秀吉の重臣だった近江瀬田城主・浅野長政配下の穴太の石工や近江大工や職人を呼び寄せ、大坂城築城に着手しました。また、河内千塚、生駒山、御影、八幡の石に目をつけ、その石を運ぶための道を作りました。諸国の協力を仰ぎ、5万人ほどが集まり築城に邁進していったそうです。

1563年に来日したポルトガル人宣教師のフロイスが『日本史』を執筆し、前出『建築家秀吉』のなかでも、フロイスが著した大坂城について記しています。

――天守は八層であり、最上階は展望台となっていたという。また、各階には、金銀の織物やヨーロッパ風のカッパ、西欧風のベッド、黄金の茶室などが所狭しと並べられ、外部の屋根瓦にも金箔が用いられ、絢爛豪華であったという。――

ここに建てられた「黄金の茶室」もプレハブ工法で、取り外してどこにでも移築できるよう作られていたそうです。

フロイスは、大坂城内の庭園についても言及しています。山里曲輪《やまざとくるわ》と名付けられており、藤原家隆の歌「花をのみ　まつらん人に　山里の　雪間の草の　春をみせばや」からとられているそうです。茶室に桜に、まさに秀吉の憩いの場所であったのでしょう。大変美しい庭園だったらしいのですが、皮肉なことに豊臣家滅亡のとき、この庭が秀頼と淀君が自害した場所となりました。二の丸に続く極楽橋は、三途の川の橋を意味し、かつてあった石山本願寺の阿弥陀堂への通路だったそうです。

１５８５年、秀吉は関白となり、その2年後、京都市上京区に、城郭風の大邸宅・聚楽第を完成させます。聚楽第では、後陽成天皇の行幸も叶い、秀吉の権勢は絶頂期に達します。後陽成天皇の弟で八条宮智仁親王が、秀吉の養子になっていました。そして、江戸時代に入ると、智仁親王が桂離宮を建てることになるのです。聚楽第は秀次に継がれますが、秀次自害とともに取り壊しとなり、大半は伏見城に移築されました。

１５９２年〜１５９４年にかけて、秀吉は隠居の城として伏見城を建てます。最初に選んだ場所は指月という場所でした。ここは現在の京都市伏見区豊後橋（現在は観月橋）あたりとなります。その頃はまだ、巨椋池が見渡せ、月を愛でるのに最高の場所とされていました。平安時代、平等院鳳凰堂を建てた藤原頼通の息子で、日本最古の造園書『作庭記』を書いた橘俊綱《たちばなのとしつな》が、この指月の丘に「伏見山荘」を構えていました。「都人暮るれば帰る今よりは伏見の里の名をも頼まじ」と、夕方、帰るぐらいなら、泊まっていけばいいのにと俊綱が詠んだぐらい、去りがたい光景が月夜に見られるのでしょう。

秀吉は、伏見山荘に憧れ、また伏見が不死身に聞こえるのでこの地を選んだのではないでしょうか。残念ながら、１５９６年に推定マグニチュード７・５以上の慶長伏見地震が起こり、城は崩壊します。指月伏見城は幻と化してしまったのです。

しかし、あきらめずに、秀吉はその隣に木幡伏見城を建てます。聚楽第からも多くのものを解体して、伏見城に運ばせました。天守閣は、望楼型五層で、その姿は「洛中洛外図屏風」にも描かれています。天守からの眺めは、都である京都、そして大坂、奈良と全てが見渡せる絶景でした。

秀吉はここに茶亭学問所を設け、茶会を催しました。また、御舟入から屋形のついた御座舟に乗り、巨椋池に繰り出し舟遊びや観月の宴を楽しみました。桂や宇治、大坂城へも舟で行ったとされています。隠遁の身ではありましたが、天下人秀吉のユートピアをここに築きあげたのではないでしょうか。

明治維新後も、『太閤記』（１６２５年、小瀬甫庵著）は大変人気でした。新政府の徳川アレルギーがそうさせたのか、明治天皇も『太閤記』が好きでした。だから、この小幡伏見城の跡地に自分の御陵を作らせたのです。今、明治天皇が眠る場所に伏見城があったのは、全くの偶然ではなかったのです。

キリスト教と西洋文化

秀吉が好んで取り入れた建築法の特徴には時代背景と信長にかなり影響されていることがうかがえます。１５４９年、フランシスコ・ザビエルによるキリスト教伝来、またその少し前、１５４３年にはポルトガル商人を乗せた中国人倭寇により、日本に鉄砲が伝わります。

ポルトガル人宣教師・フロイスは、自著『日本史』に信長や秀吉と対面したことなどを詳しく書き残しています。キリスト教布教のため持ってきた献上品が、椅子やベッド、絨毯やワインでした。

このときに、西洋の建築法の基本となるものもありました。黄金比、ヴィスタ、そしてパースペクティブ（遠近法）です。この技法を秀吉は、街づくりや庭造りに取り入れたのです。

特に、ヴィスタというルネッサンス・バロック期に誕生し発達した手法を、城下町の町計画に利用したのです。ヴィスタというのは、視界が遠くまでスッキリ見渡せる仕組みです。西洋庭園でよく、中央に配置された噴水や記念碑を中心にした左右対称の景観が見られますよね、あの手法です。

秀吉は、大坂城や聚楽第の城下町の真ん中に、大きな道を走らせ、その両側を左右対称にしました。城からの見通しを良くしたわけです。聚楽第建設時には、「二階建町屋建築令」を発令して、二階建ての町屋が並ぶ城下町を演出しています。その中心に、大手筋という道が一直線に通っていました。直線好きな秀吉にとって、このヴィスタが、整然として好ましく思えたのかもしれません。

また、西洋文化の影響を受け日本庭園に好んで取り入れられていたのが、蘇鉄《そてつ》です。1577年に、京都でキリスト教宣教師によって建てられた教会に初めて蘇鉄が植えられました。これを見たか聞いたかした秀吉が、聚楽第、そして醍醐寺三宝院に植えたのが、日本庭園の蘇鉄の始まりでした。これ以降、多くの日本庭園で蘇鉄が見られるようになりました。他に当時取り入れられた西洋文化が、花壇です。秀吉は、三宝院に初めて花壇を造りました。

秀吉は、信長同様、最初はキリスト教にも寛容でした。しかし、徐々に信者が増えていくキリスト教に脅威を持ち、キリスト教禁止令を出します。

秀吉の建築や美意識にもう一つ大いに影響したのが、茶の湯の千利休です。これに関しては、後ほど千利休と大徳寺黄梅院の項で書かせていただきます。ただ、千利休の周囲の人々（弟子や家族）の多くが、クリスチャンかそれに関係した人々でした。千利休が大成した茶道には、キリスト教の意味合いも深く入り込んでいたのです。

醍醐寺三宝院と伝説の庭師・賢庭

醍醐寺三宝院は、伏見区にあります。室町時代には金剛輪院と呼ばれ、寝殿造の庭園でした。秀吉は１５９７年、亡くなる前年にここ醍醐で花見をしています。多分、秀吉は自分の死期が近づいていると感じていたのでしょう、「死への恐怖」というものを持っていたのではと思われます。１５９８年3月に自ら再び花見を企画しますが、準備のために三回も醍醐寺を訪れ、縄張りから着手し、庭造りに没頭していたそうです。秀吉は庭園の完成を待たず亡くなり、その後、住職であった義演准后《ぎえんじゅんごう》が庭師・賢庭《けんてい》を重用して、25年以上の月日をかけて完成させました。

賢庭は、初めは与四郎と呼ばれていました（別人説もあります）が、１６１５年に後陽成天皇からその名を受けて、江戸期には、作事奉行の小堀遠州のもとで数多くの庭を手がけたと言われています。実はこの賢庭こそが、後陽成天皇の要請で、当時宮廷付工人《きゅうていつきこうじん》であった小堀遠州とともに宣教師から西欧技術や西欧整形式庭園を学び、日本の庭園史に新たな風を吹き込んだ伝説の庭師だったと前出の『建築家秀吉』に記されています。

では、三宝院の庭というのはどういう造りなのでしょうか。醍醐寺三宝院表書院の南側に位置し、中に池があります。もともとは、表書院から眺める座観式でしたが、後に義演准后が回遊、舟遊式に改修していきました。池の西端には現在、出島になっている蓬萊山の石組があります。建物内の泉殿から表書院に進むにつれ、池の中の鶴島・亀島が正面に見えてきます。鶴島には蓬萊山の出島から、木材を苔むした土で固め造られた土橋が架かっています。鶴島と亀島の間に架かる石橋のように、当時は石橋が普通だったのですが、同じような立派な土橋が池の東側にもあり、三宝院の庭のアクセントとなっています。

建物から庭を観たときに、池向こうの中央には、立派な岩組があり、須弥山を表しています。この中央の石がとても個性的です。これが藤戸石で、別名、天下の名石とも言われています。藤戸石は織田信長が好んだ石でしたが、それ以前には八代将軍で銀閣寺を建てた足利義政が所有していたという説もあります。秀吉は、藤戸石を聚楽第に飾っていましたが、最後はここに持って来ました。横に小さな二石を置き、三尊石として、阿弥陀三尊を表しているとも言われます。遠目にも存在感を感じる、表面に模様のある素晴らしい石です。私はこの庭が大好きで何度も来ていますが、やはり庭の重心をこの藤戸石に感じます。

表書院の東には純浄観《じゅんじょうかん》という一段上がった建物があります。普通は入れませんが、たまたま特別拝観をしていたので、中に入ることができました。建物内を西から東に歩くと、美しい庭は視点の変化とともに、さらにその姿を変えてくれることがよくわかりました。

藤戸石を過ぎてさらに東に向かうと、三段の滝が見えてきます。見事に方向を変えて、三段に水が落ちており、その滝の前に水分石があります。この三段の滝は、明治維新に作られた無鄰菴《むりんあん》の滝のお手本になりました。三宝院の庭は、石のセレクションが素晴らしく、水は深くて紅葉など周りの木々が映ります。石組、植栽、水の流れ、全てにバランスのとれた名庭だと思います。

花見と死生観

有名な醍醐の桜は、実はまだ海外の観光客にはあまり知られていません。お客様を連れて行くと、皆様その素晴らしさに息をのまれます。秀吉が催した花見もさぞ豪華絢爛だったと思います。「醍醐花見図屛風」に豪勢な花見を楽しむ秀吉の絵が描かれていますが、かなり老いており、足元もおぼつかない様子が見受けられます。老いてもなお美しいものを追い求める、秀吉の貪欲な美意識への追求が感じられます。花の命は短く儚く美しい、だからこそ、桜をこよなく愛していたのかもしれません。

花見の後、5月、秀吉は病の床に就き、8月18日に伏見城で62歳の生涯を閉じました。『建築家秀吉』の中に、足利義政や八条宮智仁親王も、現実逃避のために無心で庭造りに打ち込み、その完成を見ないまま死んで行くと記されていました。秀吉も晩年、庭造りに着手し、その完成を見ずに亡くなっています。

庭園を観想することによって静かに現世や来世のことを考え、「死生観」を持つという考え方もあります。私には、豊臣秀吉と足利義満が重なって見えます。自力で富と名声を得て全てを手中に収めても、死の恐怖からは逃れられませんでした。だからこそ、浄土のような庭を造り、そこに自分の死を重ね合わせて、永遠の繁栄を願う。それが、権威を示す豪華な庭に、一抹の悲しみを感じさせる無常観が生まれるのではないかと思います。庭には死生観が存在する、だから人間を魅了するのではないでしょうか。

岩崎彌太郎（1834年〜1885年）と清澄庭園《きよすみていえん》（東京）

名石のコレクションとも言うべき、
三菱財閥の創始者・岩崎彌太郎が造った清澄庭園。
江戸時代の地下浪人から、明治に入り一大財閥を築いた岩崎が、
こだわり造り上げた庭園の運命とは。

土佐藩の岩崎彌太郎

岩崎彌太郎は、土佐・井ノ口村の地下《じげ》浪人の家に生まれました。土佐藩と言えば、坂本龍馬ですが、龍馬は下級武士の家に生まれています。土佐では、上級武士が山内一豊など山内家に仕えていた家臣の子孫で、下級武士はそれ以前の長宗我部氏の家臣とすっかり線

引きをされていました。岩崎彌太郎の場合は地下浪人で、さらに身分が低く、幼少期は極貧の中で育ちました。しかし、頭脳明晰だったために幼くして、儒学者・小牧米山《こまきめいざん》に弟子入りしました。

21歳のときに江戸に行き、帰国後土佐藩の執政・吉田東洋を知ったことから後藤象二郎と親しくなり、この関係が明治維新後も続くことになります。土佐で坂本龍馬と交流を持ったかどうかはわかりませんが、１８６５年に長崎で龍馬らが運営していた「亀山社中《かめやましゃちゅう》」が「海援隊」となり、このとき、会計を担当していたのが岩崎彌太郎です。

彌太郎の日記に、「午後坂本竜馬来たりて酒を置く。従容《しょうよう》として心事を談じ、かねて余、素心《そしん》在るところを談じ候ところ、坂本掌をたたきて善しと称える」とあります。広い世界を感じながら、長崎で龍馬は政治改革、彌太郎は商売に奔走していたのでした。

「いろは丸」で龍馬は航海に出ますが、別の船と衝突して沈没してしまいます。衝突した相手側と賠償責任の交渉をしたのも彌太郎でした。長崎では武器商人グラバーとも取引します。それが縁で、維新後、グラバーは三菱で雇われることになります。

1867年6月9日、長崎で、後藤象二郎と坂本龍馬が、睡蓮船に乗って京都に向かい出航したとき、見送りに出た彌太郎は、「不覚にも数行の涙を流す」と、日記に書き残しています。約5ヶ月後、龍馬は京都で暗殺されます。彌太郎は、志半ばで暗殺された龍馬の遺志をも引き継ぎ、海運業に邁進していくのです。

明治維新と海運業

1870年、廃藩置県の前年に、彌太郎は、海運業私商社として立ち上げた九十九商会の経営者となりました。土佐藩から船3隻の払い下げを受け、高知―神戸間、東京―大阪間の輸送などをはじめとし、競合他社と比べて利益を上げました。彌太郎は大阪の西長堀の土佐藩邸に住んでいました。彼が私腹を肥やしているのではないかと、土佐藩から内偵のために送られた石川七財《しちざい》に対し、「これからは海運と貿易だ」と説きふせました。石川は、彌太郎に魅了され、九十九商会に入ることになります。

彌太郎は人材育成に力を入れて、藩邸に居候して勉強している若者に、英語を学ぶよう推奨します。長崎での経験から、これからはビジネスの交渉相手がヨーロッパやアメリカになると理解していたのでしょう。弟の彌之助も、アメリカに留学しています。侍的立身出世よりも利潤を稼ぐビジネスに興味があった、彌太郎は根っからの商売人だったと思います。

三菱財閥創立

1872年、九十九商会は、川田、石川、中川（後の三菱幹部）の名義で「三川《みつかわ》商会」と改名しますが、中心は彌太郎だったのでこの名前が気に入らず、1873年「三菱商会」と改名します。彌太郎はあくまで自分が総裁で、巨大一家、三菱ファミリーを実現することを考えていたのです。この三菱の語源ですが、岩崎家は、甲斐武田の末裔で家紋も武田菱に由来する「三階菱」でした。彌太郎の父が、貧しさのあまり郷士（半分農民、半分武士）の立場を売却し、地下浪人になったのです。この菱は先祖の家紋から来ているものだと思われます。そして、三菱のマーク。創立時のマークは、土佐藩城主・山内家の家紋「三ツ柏」に類似しています。

――こうして大阪―東京・神戸―高知間の汽船運航からスタートした三菱は、しだいに海運業を中心としつつ炭鉱や銅山の開発、製鉄所さらには鉄道や牧場の経営、という多角的事業によって、財閥として膨張する。だが、それ以前に、対抗馬との苦しい泥んこ

の競争、そして軍事輸送（つまり「死の商人」になる）という危険な賭が、あった。
――（『小説　岩崎彌太郎』嶋岡晨著の付稿「土佐商会から財閥三菱へ」）

また、同付稿ではこうも続きます。

――日本の近代化に逆行するような、独裁的「カーライル主義」で、がむしゃらに海運界を牛耳り、財閥ファミリーの基礎固めをした弥太郎を〈悪党〉と見なす者は、今日でもけっして少なくないだろう。だが冷静に考えれば、この悪党の反近代性こそ、明治初期のあの激動期には、かえって日本が資本主義的近代をかかえこむのに充分有効だった。また、弥太郎の要求した、「運命共同体」である企業組織へのファミリー的忠誠は、軍需産業につながっていくことで、戦争という大きな近代的災厄、必然の〈悪〉をみのらせることに、皮肉にもじつに有効であった。その点は、渋沢式合本主義であれ、三井風の事業経営であれ、軍国主義国家の同行者のそれとして見るとき、一般庶民にとっては同じ、忌わしい「入欧」のかたちであった。――

ただ、これら財閥の急速な発展や軍国主義が、日本の明治維新後の混乱期に、西欧諸国から植民地化されることを防いだのではないでしょうか。その意味で、幼少期からの貧困生活から養われたハングリー精神で、商才のみで戦い続け、最終的に三菱財閥という大きな企業体を作り上げた岩崎彌太郎は、日本近代史の中で大きな存在だったのではないかと思われます。

同族会社を中心に、財閥という巨大コングロマリットを作り、戦争とともに巨大な利益を生み出したのが、三井、住友とともに、海運業で発展した三菱であり、このことが清澄庭園にも反映されています。

岩崎彌太郎と清澄庭園

清澄庭園は、私の大好きな庭園の一つです。隅田川から水を引いて池を造った、明治期の回遊式林泉庭園です。暑い夏の夕暮れに訪れたとき、清々しい風が吹きわたりなんとも心地よく、立地条件の良さをあらためて感じました。また、あらゆる地方から運ばれてきた名石が、まるで宝石箱のように散りばめられています。石好きにはたまらない庭園です。

この辺りは江戸期において、比較的新しく開拓された場所でした。隅田川の水運や木場の発展などから、江戸中期に急速に成長した場所だそうです。深川八幡を中心に、独特の

「イキ」の文化が築き上げられました。特に、深川猟師町が誕生して、「いなせ」な地域社会の発端になったようです。

私が着目した点は、かつてこの地に、豪商・紀伊国屋文左衛門の別荘があったと伝えられていることです。これはただの偶然でしょうか？　紀伊国屋文左衛門は、江戸中期の豪商です。幕府御用達の材木商として巨万の富を得、その豪遊ぶりも有名でしたが、政権が代わると衰退していきました。

私の推測ですが、歌舞伎の題材にもなった江戸時代の商人の成功者・紀伊国屋文左衛門に対して、彌太郎はそれなりの敬意を持っていたのではないでしょうか。だから、この地に自分の庭園を造ろうと思ったのではないでしょうか。

――江戸時代後期には下総国関宿城主・久世《くぜ》大和守《やまとのかみ》の下屋敷でした。明治時代になり、多くの大名屋敷・土地が荒廃する中、岩崎彌太郎は残存する風景と水運の利便さが大規模造園に適することを見て、直ちにこの土地を取得しました。巨岩と老樹の庭に憧れた彌太郎は、名石があると聞けば人を派して日本全国から石を収集し、隅田川から水を引き入れた潮入の大泉水を設け「深川親睦園」として公開しました。施工半ばだった兄の遺志を継ぎ、庭園を完成に導いたのは17歳違いの弟、彌之助でした。彌之助は会社の隆

盛にともない、さらに内外に誇れるような名園を意図して改修を行いました。庭園内に豪著な洋館と日本館を新築し、築庭には、京都から茶匠・磯谷宗庸を招いて指揮にあたらせ、庭石と池泉を整えた大規模改修を行い、1891（明治24）年、池を周遊しながら次々と展開する景色を楽しむ回遊式林泉庭園を完成させました。――（清澄庭園パンフレットより）

豊臣秀吉の項にも書きましたが、岩崎彌太郎の場合も、庭造りの完成を待たずに亡くなっています。富を得て43歳で庭を造りはじめ、7年後の50歳でその生涯を終えています。庭園の完成も、弟に託して亡くなっています。権力を掌握した者はどうして晩年に庭を造り始め、完成前に亡くなってしまうのでしょうか？

彌太郎は、社員達の憩いと交流の場として、そして賓客の接待の場所として、清澄庭園を造り始めます。企業家が美術品収集などに財を投じる傾向の中、社員のために庭を造り活用するというのは、極めて新しい発想でありました。そしてこのことが、次の時代の企業家である松下幸之助、稲盛和夫に受け継がれ、日本の経営者の庭造りの流れを組むものになったと思います。

また、同パンフレットには、岩崎彌太郎が夢の庭を実現したと記されています。

——「わが心には渓山丘壑を愛す。事業上憂悶を感ずる時は立派な庭園を見に行く。（中略）他に特別の趣味もないが、これが余の唯一の趣味である『岩崎彌太郎伝（下）』より」——

彌太郎は、無類の庭園好きであったのです。明治11年となる1878年、ここ清澄に約3万坪（10ヘクタール）の敷地を買い取りました。実は彌太郎は、同時期に三つの大名屋敷・庭園を購入し、独自の庭園に造り上げています。「旧岩崎邸庭園」（東京都台東区）、「六義園」（東京都文京区）、そして「清澄庭園」です。清澄庭園には、三菱汽船会社の蒸気船を使って全国の名石・奇石を収集し、隅田川の水路より庭園に運び込んできたのです。

清澄庭園の石コレクション

庭園図を見ると、庭の中心に大きな池があり、中の島、鶴島、松島が浮かび、涼亭（1909年築）という数寄屋造りの建物やあずまやなど、庭園の絶景を見られる場所が点在しています。庭園内でもっとも高い築山は、園内のどこからも見えて、これは富士山を表しています。池の周りを歩きながら、そして当時は池に舟を浮かべて、季節に応じて多種多様に変化する美しい景色を観賞できる庭です。

巨石や奇石などを注意深く鑑賞していると、「どうして、こんな石をたくさん持って来られたのだろうか」「水路が確保されていたからだろう」「重い石を運ぶのには、それなりの船（汽船）でなくてはならない」など自問自答しているうちに、岩崎彌太郎―三菱財閥―海運業という構図が見えてきました。彌太郎は、これほどの石をこの庭に持って来られたのは、海運業王の自分だからこそなのだと、自負したかったのではないでしょうか。自分の力をアピールしたいという権力者の気持ちが、庭園造りに現れているのです。

庭石にも色々あります。まずは、景石《けいせき》と言って、自然石の形態のいいものを飾りに配置させました。特に、伊豆磯石《いずいそいし》（安山岩）という変化のある立石は、中国の庭園に見られる太湖石《たいこせき》のような風貌があります。また、波の浸食によって表面に縞模様などが表れる、海岸から採集された紀州青石（結晶片岩の中の緑泥の石片岩）も使われています。清澄庭園の正面口から入って、池のほとりが池の正面と思われますが、景石は、池の西側に沿って重点的に置かれていて、磯の荒々しさを表現しています。多くの石は、安山岩、花崗岩、結晶片岩という黒や灰色の石ですが、中には、佐渡赤玉石など、赤色のチャート（岩石）

もアクセントに据えられています。

庭の正面から右に歩き始めるとすぐに、水の上を歩く「磯渡り」ために置かれる「飛《と》石《いし》」があります。普通「沢渡り」と言いますが、清澄庭園の場合、池の水際に大ぶりの石が敷き詰められ、荒磯を思わせる配置なので「磯渡り」と称されています。磯渡りの中ほどには船着場があり、長方形の仙台石（粘板岩）が二枚、船着石として設置されています。建物前の靴を脱ぐ場所に踏み台のように置かれる沓脱石《くつぬぎいし》には、伊豆川奈石（安山岩）などが使われ、踏み台として乗る前に、思わず立ち止まりそうな美しい色形をしています。その他、山燈籠、層塔《そうとう》、水鉢、石碑、石仏群など石を用いた景物《けいぶつ》がいろいろありますが、この庭園では厳選されたものを効果的に配置していて、散策をより特別なものにしています。

清澄庭園と三菱が辿った運命

二代目として彌太郎の後を継いだのは、17歳下の弟・彌之助でありました。彼は、進歩的知識人であり、社名を「三菱社」として鉱業や造船業を中心に事業の多角化をはかり、三菱財閥をさらに大きく発展させます。それとともに、国内外に誇れる名庭をと意図して、財を投じて清澄庭園をより完成度の高い庭にしていきます。

三代目は、岩崎彌太郎の息子・岩崎久彌です。福沢諭吉の慶應義塾に入り、その後、父が開設した三菱商業学校に転じ、英語、簿記、法律、経済を学びます。アメリカのペンシルバニア大学に5年間留学後、三菱社の副社長に就任します。

久彌の時代に関東大震災が起こり庭園も被災しますが、庭園にたくさんの被災者を迎え入れ、人々を救いました。関東大震災を契機として、清澄庭園は岩崎家から東京都に寄付されます。第二次世界大戦の東京大空襲で建物は焼失しましたが、関東大震災のときと同様、近隣住民の避難場所として多くの人命を救いました。

清澄庭園は、災害や戦争のときの避難場所として新たな役割を担うことになりました。美しい庭園が燃えたり破壊されたりするのは悲しいことですが、人々を救う場所に変わり得ることは、庭の役割として認識しておきたいことだと私は思います。

column

庭園史における最重要作庭家とその名庭

小堀遠州（1579年〜1647年）と南禅寺金地院《こんちいん》（京都）

茶道に「綺麗さび」を確立した小堀遠州は、
西洋モダニズムを取り入れた金地院を作庭した。
不老長寿の思想を大胆に具現化したこの庭は、
徳川家の権威が未来永劫続くことを望んで造られた。

武家、茶人、書家、建築家、作庭家と多くの顔を持つ小堀遠州

遠州（政一）は、小堀正次《こぼりまさつぐ》を父に、浅井家家臣・磯野丹波守員正の娘を母として、1579年、近江国坂田郡小堀村（今の滋賀県長浜市）で生まれました。父とともに、安土桃山時代から江戸時代を、浅井、豊臣、徳川と主君を替えながら、その技量によって出世していったのです。遠州は、10歳の頃から、秀吉からの信頼も厚かったその弟、秀長《ひでなが》の小姓として仕えました。秀長が、関白秀吉に茶の湯の接待をしたときに、遠州は、千利休と運命的な出会いをします。自らも茶の湯の道を行く決心をしますが、利休が亡くなってしまったので、父の縁で古田《ふるた》織部《おりべ》を師とし、茶

道を深く学びます。

19歳で、戦国武将として名を馳せた藤堂和泉守高虎の養女を、正室として迎えます。高虎は徳川家康の信頼も厚く、武勲だけでなく、造営工事などにも力量をふるっており、特に、築城に関しては特別な才能を発揮しました。この高虎を義父に持ったことが、その後の遠州に多大な影響を及ぼしました。遠州は、後陽成院御所造営（1606年）のため、「宮廷付工人《きゅうていつきこうじん》」という名誉な職に就きました。義理の息子の仕事を円滑に行わせるため、藤堂高虎は、越後《えちご》突抜町《つきぬけちょう》（京都三条）の屋敷を譲ったぐらいです。そして、遠州は、後陽成院から、宣教師より西欧文化について学ぶように命を受けたとも言われています。

1600年の関ヶ原の戦い以降は、実父とともに徳川方につきますが、26歳のとき父が急死したので、小堀家を相続し、備中松山城を拠点に国務を司りました。1608年、家康の居城である駿府城の作事奉行になっています。家康に好まれその功績に対し、遠江守《とおとうみのかみ》に任命されます。以降、遠州と呼ばれるようになりました。徳川秀忠の時代には、幕臣として役職に従事し、45歳で伏見奉行に就任します。大坂城天守ならびに本丸、江戸城西の丸（新山里）、二条城の二の丸庭園ならびに行幸御殿《ぎょうこうごてん》の作事奉行として活躍し、築城、建築、造園にあたって功績を残します。また、徳川家の茶道指南役となります。茶道、華道の遠州流は、この小堀遠州からきています。

1647年、遠州69歳のとき、その生涯を閉じました。

遠州は、幼少の頃から王朝文化に親しんでいました。特に、定家の和歌をこよなく愛しました。武野《たけの》紹鷗《じょうおう》が茶の湯を和様化させた、その意志を継ぎ、茶の湯に和歌を取り入れる工夫をしました。遠州は、茶道の中で、和歌を使うことによって、より季節感を出そうとしました。『小堀遠州 気品と静寂が貫く綺麗さびの庭』（野村勘治監修）の中にこう記されています。

――それまでの茶の湯の世界では季節に配慮することはほとんどなかったが、遠州は和歌を取り入れることによって、四季のうつろう姿を茶席に匂わせたのである。客は歌銘が付けられた道具を見ることで、しみじみと季節を味わうことができる。つまり、茶席に季節感を取り入れることによって客観性を与え、客にわかりやすい茶の湯を展開していったのである。

安土桃山から江戸時代へと、時代の変遷期を生き抜き、築城、建築、造園に、独自のデザイン性を吹き込み、それが、茶道など文化面にも影響を及ぼしました。遠州のその手腕は、依頼した施主を十二分に満足させる洗練されたものでした。

小堀遠州と西欧文化

後陽成天皇の要請により、庭園造りのパートナー的存在の庭師（三宝院の庭造りに従事）賢庭《けんてい》と遠州は、西欧文化の要素を庭に取り入れています。『図説　日本庭園のみかた』で宮元健次は、次のように記しています。

――宣教師の報告によれば、一六一三年智仁親王の仲介によって、実兄・後陽成天皇がキリスト教宣教師に対面し、その際、皇族の庭園を造営する宮廷付工人に西欧技術を教えるよう命じたといいます。（中略）花壇や芝生、幾何学形態やヒマワリ、ローマザクラ等のヨーロッパの植物、あるいは噴水等の明らかな西欧整形式庭園の影響があったことが、古図や文献によって確認できるのです。桂離宮に見られる多数の西欧手法も、その実例の一つといえましょう。

それでは西欧技術を伝えられた宮廷付工人とは、具体的には誰を指すのでしょうか。前掲の西欧文化の影響があった宮廷庭園がすべて幕府作事奉行であった小堀遠州の作庭であったことから考えて、やはり、遠州に西欧技術が伝えられたと見てまず間違いないでしょう。――

江戸初期の17世紀は、ヨーロッパはルネッサンス・バロック期と呼ばれる芸術革命の時代でした。特にヨーロッパでは、「パースペクティブ」（遠近法）、「ヴィスタ」、「黄金比」などの手法を使った庭造りが流行っていたそうです。「パースペクティブ」とは、先細りの空間を造ることで、奥行きを出す手法です。「ヴィスタ」とはあえて極端に細長い空間を造ることによって、見通しよく整然としていて、都市計画や庭園設計に使われました。両方とも、遠近感を強調して見せる「トリックの手法」です。また、「黄金比」とは、1：1・618の比率で平面を分割する方法です。長方形の縦横の関係など、人間の目にとって最も美しいと感じるバランス比です。

金地院崇伝と南禅寺金地院

金地院は、南禅寺の塔頭《たっちゅう》です。石川五右衛門が上に登り「絶景かな」と言ったか言わなかったかの、高さ約22メートルの三門は有名です。京都五山とは、京都にある臨済宗の五大寺で、寺格の変更を経て1386年に足利義満により、天龍寺、相国寺、建仁寺、東福寺、万寿寺の序列が決定されましたが、南禅寺は別格として五山の上と位置づけられました。その塔頭の一つが金地院です。

金地院はもともと室町時代に四代将軍・足利義持が帰依して北山鷹ヶ峰に開創した禅寺でしたが、以心崇伝《いしんすうでん》（金地院崇伝）が、南禅寺の塔頭としてこの地に移しました。家康が、遺言で三箇所（日光、静岡、京都）に廟所を作って欲しいと残したので、以心崇伝が南禅寺金地院に家康の御廟を建てたのがきっかけでした。

崇伝は、南禅寺の出身の臨済宗の僧でありました。のちに家康に仕え、伴天連（キリスト教宣教師）追放令、寺院法度、公家諸法度をはじめ、大坂城攻撃の発端となった方広寺大仏殿の鐘銘問題や紫衣《しえ》事件など、「徳川の世」の基盤固めのために知恵をめぐらせました。敵には厳しい手段をとったので、天皇家や豊臣家の人々、そしてキリシタン大名や大徳寺などの僧侶達から、かなりの恨みをかっただろうと思われます。「黒衣《こくえ》の宰相」とも呼ばれていました。けれど、その分徳川幕府からの信頼は厚かったのです。

金地院崇伝は、家康の御廟を建てた南禅寺金地院に三代将軍・家光を招くために、作事奉行として建築・造園のエキスパートであった遠州にその建物の建設と造園を依頼します。このとき、諸大名から、名石が贈られました。しかし、遠州と崇伝、二人の書簡のやりとりを見ていますと、遠州が大変忙しくしていたため、工事に5年を費やしてしまいます。多忙を極めていた遠州は、鶴亀蓬莱庭園を造るために、作庭のパートナーであり秀吉の項でも紹介した、石の魔術師・賢庭を送り込みます。

禅式寺院塔頭、方丈前の南庭は、もともと「晋山式《しんざんしき》」（住職の就任式）に使われていた場所で、庭といっても白砂が敷かれているだけでした。京都禅式寺院南庭の白砂は、京都産の黒雲母花崗岩の白川砂が使われていました。白砂は、太陽や月の光を反射させて、室内を明るくする明かり採りの役割がありました。特に白川砂は雲母を含み、その光沢でキラキラと光るのが特徴です。

江戸時代初期になると、大掛かりな就任式などの儀式が堂内で執り行われるようになり、禅式寺院南庭の実用的な意味は失われます。やがて、庭の奥に、石や草木を置き、枯山水庭園が造られるようになりました。

この金地院の南庭の白砂の奥には、横に長い鶴首石と、羽に見立てた三尊石組の手法による羽石（立石）が置かれ、ちょうど鶴が飛んでいるような形の鶴島石組が見られます。

鶴島石組が、建物から南庭を見たときに右側となりますが、その反対側には、今にも動き出しそうな亀を表した亀島石組が見られます。亀島石組の真ん中には、樹齢400年の柏槙《びゃくしん》が植えられていますが、流木のように枯れたような部分と、葉がついている部分に分かれて、まるでアート彫刻のような装いを見せています。この柏槙は盆栽にもよく使われる美しい木です。

そして、鶴島と亀島の間には、畳五畳ほどの平たい長方形の赤錆色の石が置かれています。これは、礼拝石《らいはいせき》で、庭の奥に祈る対象があり、跪き祈るための石です。その奥、切り立った崖の下の部分には蓬萊山石組、中腹部に刈り込まれた木々が見えます。

刈り込みは、主に「灌木類」（植え込みに適した背の低い木）をかためて植えて、形を造り剪定する技術です。有名なものでは、詩仙堂に代表されるようにツツジやサツキが使われます。木を形成してうねらせ、まるで茶畑のような美しい流線形を描いているのが特徴です。刈り込み法ですが、諸説ありますが安土桃山時代から始まったとされています。私は、遠州らが、西欧文化を日本庭園に取り入れ、ヴィスタ式西欧庭園の刈り込みを参考にしたのではないかと考えます。刈り込みによる造形的なフォルムが、具現化された鶴島・亀島とともに、庭のダイナミックさを演出しています。

江戸時代中期、1799年に秋里籬島《あきざとりとう》によって描かれた「都林泉名勝図会《みやこりんせんめいしょうずえ》」にも、金地院の庭の図がありますが、鶴島・亀島、礼拝石、蓬萊山のその上に、刈り込まれた樹木が見えます。背後にはさらに高い木々がそびえ立っていますが、実は、その高い木々の奥の丘の上に、徳川家康が祀られている御廟・東照宮があります。礼拝石はこの東照宮、つまり徳川家康を拝むための石なのです。鶴石、亀石、礼拝石は、建物と平行に一直線に置かれています。そして、その奥の蓬萊山石組は、あえて少し小さめの石を使って、奥行きを演出しています。蓬萊山の中央に三尊石があり、その奥に置かれた一番高い石が、奥行きを出すための遠山石《えんざんせき》です。遠くに小さな物を一つ描いて奥行や深みを強調する手法は、パースペクティブではなく日本古来の遠近法で、中国水墨画から伝わった日本画にも使われていました。

蓬萊山三尊石の左横に、控えめな織部燈籠が一基据えてあります。この燈籠の火袋《ひぶくろ》はほんの少し南を向いていて、それは、方丈の北西に設けられている上段富貴《ふき》の間に向かっています。以心崇伝はこの富貴の間に、三代将軍・家光を呼びたかったのです。

礼拝石とその奥の蓬萊山の間（やや左側）に、三角形の石があります。これは、遠州が、富士山が好きでその富士を表していると言われています。また、手前の白砂部分、方丈から右にカーブして開山堂に向かって敷かれた正方形の飛び石は、同じ正方形の石がまっすぐと斜めと交互に配置され、リズムが感じられます。これもデザインの一つで、遠州の遊び心が感じられます（後ほど加えられた遠州好みとの解釈もあります）。

崇伝は庭園完成後すぐに亡くなってしまいます。そのため残念ながら三代将軍・徳川家光は、とうとう訪れることはなかったそうです。

小堀遠州の茶室とデザイン

遠州は、建築も得意でありました。金地院では、色鮮やかな東照宮を設計するとともに、金地院の方丈の奥に、繊細で質素な数奇屋や茶室も設計しました。なかでも、茶室は三畳台目《さんじょうだいめ》の小さな茶室で、「八窓席《はっそうせき》」と呼ばれますが、窓は六窓しかありません。この窓から、光が十分入って室内は明るく、利休の暗い茶室とは雰囲気が違っていました。遠州が好んだものが「綺麗さび」と言われる所以ではないでしょうか。

――遠州の綺麗さびというのは、遠州以前のわび、さびの茶に品格、洗練、開放、明るさを加味した新しい茶の湯のスタイルといえる。――（『小堀遠州　気品と静寂が貫く綺麗さびの庭』野村勘治監修より）

遠州の時代には、切石の技術も確立され、桂離宮の延段《のべだん》に切石と自然石を組み合わせるなど、デザインも色々変化に富んでいます。桂離宮の延段や、松琴亭の市松模様の襖もデザイン力のあった遠州が選んだのではという説もあります。金地院の庭では、鶴島・亀島を直線に配置したなど、遠州は直線好きだったとも言われています。様々な遠州好みのデザインが、「綺麗さび」も含め語られるようになりました。

小堀遠州の庭園のすごいところ

遠州好みと言われている庭はたくさんありますが、文献上、遠州によるものだと確定している庭は、三つです。南禅寺金地院、二条城二の丸庭園、そして大徳寺の孤篷庵《こほうあん》です。桂離宮は、増築の一部に関与したのではという説もありますが、実証されていません。孤篷庵は自分の終の住処として造っていましたが、完成前に亡くなっています。遠州自身も、自分のための庭を造っていた最中に亡くなるのです。孤篷庵には、自分の故郷に思いを馳せて近江八景を表す庭を造りました。琵琶湖を造り、奥に瀬田《せた》の唐橋《からはし》を見立てた橋を架けました。同様に建築も素晴らしく、天井を砂ずり天井にして、白い胡粉《ごふん》を塗りました。それが、手水鉢の水を反射し、部屋をほのかに明るくする工夫となっているのです。

徳川家康が築城を始め、三代将軍・家光が建築を完成させた二条城ですが、その二の丸庭園は作事奉行の遠州が担当しました。大広間や黒書院から観る庭が正面になりますが、ここでも多くの立派な石を使って、真ん中に蓬萊島、その両側に鶴島・亀島があります。右手後方には、天守閣が見え、借景となっていました。これも、徳川家の繁栄を祈った石組、借景でした。残念ながら天守閣は、1750年の落雷で焼失しています。

後水尾天皇の行幸に合わせて、二の丸とは庭を挟んで反対側に当たる南側に行幸御殿、西側に中宮御殿を増設しました。そのときに、池にせり出した釣殿から庭の観賞ができるよう、遠州が庭園を改修しました。行幸御殿は今はもうないのですが、行幸御殿側から観た二の丸庭園の雰囲気は、二の丸の大広間や黒書院から観る石が荒々しい「将軍の権力を象徴する庭」の景色とは全く違っていました。石組も滑らかで、柔らかく穏やかな風情がありました。鶴島の羽石にあたる三角形の石が、富士山の形を表しています。この違った方向からまるで異なる庭の風情を見せるテクニックは、遠州ならではの技量・美意識があってのことだと思います。

天才画家、狩野探幽《かのうたんゆう》に描かせた遠州の肖像画があります。二人はともに働いておりました。烏帽子を被り、赤の狩衣に、水色の指貫《さしぬき》をはき、斜めに構えて飄々とした表情の肖像画です。この絵が語るように、時の権力者にうまく使ってもらい出世した遠州ですが、争い事が嫌いで、和を尊び、400回あまりの茶会を開き、のべ2000人を招待しています。客は、将軍、僧侶、公家、大名、学者、商人、町人、職人と幅広く、時には、対立した人々まで招き、和でもってもてなしたということです。茶を好み、美意識に秀で、王朝文化を愛し、さらには中国文化や西欧文化まであらゆるものを自分のものにして、その融合を楽しみました。サロンを催し、文化という天下をとった美の魔術師だったのではないでしょうか。

第三章　もてなしの形

写真提供：植彌加藤造園株式会社　撮影：相模友士郎　　無鄰菴（京都）

第三章は、「もてなしの形」をテーマに、四人の成功者と一人の作庭家を選びました。おもてなしというのは、日本のお家芸で、その基本は茶道からきているものだと思います。東京オリンピックの誘致活動で、「おもてなし」という言葉が注目されました。では、「真のおもてなし」とはどういうものでしょうか。そしておもてなしをされた人は、どう感じるのでしょう。

一人目は、安土桃山時代の千利休です。「究極のおもてなしは、茶道の茶事にある」。京都の裏千家で学んでいたイギリス人に、そう言われたことがあります。このことが、私が茶道を始めるきっかけでもありました。千利休が豊臣秀吉のために造った庭が、大徳寺黄《だいとくじおう》梅院《ばいいん》にあります。露地《ろじ》以外で利休の造った庭というのは珍しいです。利休らしい控え目な庭ですが、秀吉を喜ばせるものが散りばめてありました。利休が秀吉好みに仕立てた庭なのでしょう。秀吉はこの庭を観てどう感じたのでしょう。

二人目は、江戸時代の水戸光圀です。水戸黄門として有名です。彼が師と仰いでいたのが、朱舜水《しゅしゅんすい》です。故郷である中国を追われて日本に亡命してきました。東京の小石川後楽園の庭には、朱舜水を慰めるための工夫がされています。彼は、光圀に愛されてつつがなく日本に暮らしていても、やはり故郷を思い、憂いていたのではないでしょうか。水戸光圀と朱舜水の国境を超えた友情は、代々と子孫まで深く繋がっています。

三人目は、第二次世界大戦前に日本にやってきたドイツ人建築家のブルーノ・タウト。日本到着の翌日に、桂離宮と運命的な出会いをします。「桂離宮では、目が思惟《しい》する」と語りました。「思惟」とは、「心に深く考え思うこと」。彼は、桂離宮を造ったのは小堀遠州だと思っていました。でも彼が、本当の庭園の美やおもてなしの心を感じたのは、たぶんこの庭の創設者の八条宮《はちじょうのみや》智仁親王《としひとしんのう》とその息子・智忠親王《としただしんのう》からきているものだったのでしょう。第2次・第3次造営を手掛けた智忠親王は、後水尾天皇を迎える為に綿密に丁寧に庭を造り上げていきました。

四人目は、稲盛和夫です。京セラの創業者です。和輪庵《わりんあん》という京都の東山別荘群の一つを買い取り、京セラ迎賓館を建てました。彼は、著書『京セラフィロソフィ』で、「利他の心」を説いています。相手を思いやる心が、おもてなしの基本原則だと思います。利他精神で出来上がったのが稲盛財団の創設した日本発の国際賞である「京都賞」。多方面で世界に貢献した人に、授与されます。その受賞者を、和輪庵の庭がもてなしています。

最後は作庭家の小川治兵衛《おがわじへえ》です。施主の意図を理解ししっかり反映させながら、地理的条件を踏まえたうえで、繊細で、そして五感で楽しめる美しい庭を造り上げます。彼が有名になったのは、政治家・山縣有朋の依頼を受け、無鄰菴《むりんあん》を手掛けたことに始まります。当時は明治、西洋化が急速に進む時代、古い慣習的、仏教的な庭は否定されました。無鄰菴の庭の一部には、芝が使われています。園遊会など、客を庭でもてなすためです。当時としては、最新の庭園造りのコンセプトです。しかしあくまで、日本独自の伝統文化である作庭法を使い、さらに、見事な形で西洋の要素を取り入れ、和と洋の融合をはかります。

庭造りにおける、西洋と日本の文化は、時代とともに影響し合ってきたように思います。織田信長から豊臣秀吉、そして徳川家康の時代に、小堀遠州が西洋の花壇や蘇鉄、刈り込み、パースペクティブ（遠近法）などを取り込もうとしました。江戸時代に鎖国を迎えると、西洋というものが遠くに追いやられます。しかし明治に入ると、大きく振り子が振れるように、近代化の嵐の中で、西洋の洋服、建築、軍事、鉄道など、あらゆるものを西洋から取り入れようとしました。庭園に関しても、芝やモミの木など、新しい植栽が無鄰菴に取り入れられることになったのです。

一方、西洋も日本の影響を受けていました。

噴水があり左右対称の刈り込みからできたベルサイユ宮殿の庭はあまりにも有名です。17世紀にルノートルが作庭しました。このヴィスタ式庭園は、イスラム文化からきていると言われています。

先日、ベルサイユ宮殿内にある、マリー・アントワネットが18世紀後半に造った「プティ・トリアノン」を訪れました。自然あふれるイギリスの風景式庭園でした。散策していると、高台に待合のようなガジーボがあり、池があり、川が流れ、橋のふもとに自然石が置いてありました。パンフレットには中国風庭園と書かれていました。

この庭を散策していると、コンセプトがまるで日本の池泉式庭園のようだなと感じましたが、マリー・アントワネットと日本の接点が全く見出せませんでした。ところが、マリー・アントワネットが彼女の母マリア・テレジアにもらった漆器の箱をきっかけに、日本の最高級の漆器類を収集しており、コレクションの中には、日本の山水の風景を蒔絵で施しているものがあることを知りました。彼女は漆器の蒔絵から、日本庭園のインスピレーションを取り入れたのかもしれません。

フランスの印象派は、ゴッホ、モネなど、浮世絵の大ファンでした。その憧れの対象だった北斎は、西洋のパースペクティブを学ぼうとした下書き帳を残しています。「睡蓮」の絵が描かれたフランスのジベルニーのモネの庭は、龍安寺の鏡容池《きょうようち》と類似しています。建築家の安藤忠雄は、モネの睡蓮の絵が大好きで、蓮池を本福《ほんぷく》寺の庭に造りました。

このように、和と洋が徐々に混じり合う中で、相互共通の美意識が生まれて来たのだと思います。だからこそ、桂離宮は日本に来たばかりのブルーノ・タウトを魅了したのではないでしょうか。またそれは、中国と日本の間でも同様です。長い間、庭園をはじめとする日本文化の原点は中国にありました。国を超えた美の共有が、水戸光圀と朱舜水の友情を深めたのです。

国境を超えた美が庭に存在し、訪ねてきたあらゆる方々を最高にもてなす空間を作り上げます。もてなすというのは、庭の大きな役目なのです。

千利休（1522年〜1591年）と大徳寺黄梅院《だいとくじおうばいいん》（京都）

大徳寺塔頭・黄梅院に直中庭《じきちゅうてい》がある。
茶人として名高い千利休が、
秀吉のために造った庭だ。
複雑な思いが交錯した二人のどのような関係が見えてくるか。

茶人・千利休

和泉国《いずみのくに》堺《さかい》今市町《いまいち》の商人の子として、千利休は生まれました。幼名は、与四郎《よしろう》です。堺は、当時、自治区で商人が集結して治めていました。宣教師、フランシスコ・ザビエルが鹿児島に上陸して以来、堺にもポルトガル船が往来するようになり、銃・弾薬の売買交渉も宣教師が担っていました。ですから、堺の商人と宣教師の関係はとても親しいものでした。信長は、早くからこの国際貿易港・堺に着目していました。

利休は、17歳頃に、茶人・武野紹鷗《たけのじょうおう》の友人であった北向道陳《きたむきどうちん》から、茶の湯の手ほどきを受けたようです。利休23歳のとき、最初の茶会を催します。香合を仕覆に入れて飾り、客の前で香を焚いて見せるなど、珠光茶碗を主役にした創意工夫を凝らした茶会だったと、奈良の漆器屋である松屋久政が記録しています。もともと茶の湯は、一休禅師の項で記載した村田珠光から、その養子の宗珠、後の武野紹鷗など、堺にゆかりのある人たちが伝えていました。ただ、利休以前の茶の湯は、武家式書院造りから生まれた四畳半のサイズの茶室が主流でした。

最初の茶会を開く少し前に、利休は妻をめとり、息子・道安《どうあん》や娘を数人もうけています。また、茶の湯と出合う前に、禅宗に帰依し「宗易」という名を授かっています。千というのは屋号でありました。堺の商人は一向宗が多かったのですが、一向宗が信長と敵対していたため、禅宗に改宗したのかもしれません。堺に南宗寺を開山した大林宗套《だいりんそうとう》は、武野紹鷗に「茶禅一味《ちゃぜんいちみ》（茶の湯と禅の本質は同一であるべき）」という言葉を与えています。利休は、大林宗套の法を嗣《つ》いだ大徳寺第１０７世住持笑嶺宗訢《しょうれいそうきん》に参禅して、禅に開眼したとも言われています。

堺は1569年に信長の直轄領となり、自治区ではなくなります。ちょうどその頃に今井宗久、津田宗及とともに、利休は信長の茶頭《さどう》となり、茶会が催されるときに仕える役目を担います。信長は、堺の茶人たちが所有していた名物茶道具を、強制的に買い取ったり、献上させたりします。いわゆる「名物狩り」です。

信長の城、安土城には椅子、ベッド、絨毯にワインと、西欧のものを多く取り入れていました。『日本史』を書いた宣教師のルイス・フロイスも、信長より安土城に招待されています。信長は、キリスト教を寛大に受け入れており、キリスト教に改宗する大名たちもいました。利休も堺にいたこともあり、信長の時代にキリスト教とそれに伴う西欧文化に触れていました。

利休は信長の茶頭としては三番目の末席でしたが、信長は利休の鑑識眼を高く評価していたようです。利休は最初の妻を亡くし、宗恩《そうおん》と再婚します。このとき、連れ子だった少庵《しょうあん》が、後に利休の娘婿となり、利休亡き後、同じ年だった実子・道安とともに千家の復興に尽力します。

秀吉と千利休

信長が明智光秀に本能寺で討たれたことにより、秀吉が天下を取りました。利休は筆頭茶頭として、秀吉のもとで茶の湯を広めていくことになります。

秀吉と利休の関係も、最初は順風満帆でした。秀吉が造営した山崎城、大坂城、そして聚楽第には利休の屋敷も建てられ、秀吉から城内の茶室を自分の居間のように使うことが許されていました。

秀吉自慢の黄金の茶室は、利休がデザインしたものですが、組み立て式で移動可能だったので、御所にも持ち込まれて茶会も行われました。「宗湛《そうたん》日記」によれば、

――床を備え、敷居、鴨居、柱などすべて金箔を施し、畳は猩々皮、縁は金襴萌黄小紋、畳床は越前綿であったという。さらに入り口は四枚の腰障子で出来ているが、その骨と腰板は金で赤い紋紗が張られ、入口の外には三尺の簀子縁があったという。――（『建築家秀吉』宮元健次著より）

現在は大阪城に復元されており、秀吉の成金趣味の真骨頂がこの黄金の茶室であったと思われています。でも、右記の黄金の茶室の様子を想像すると、趣向が凝らされていたことや、当時は自然光か蠟燭の灯しかなかったのでそれらの柔らかい光に黄金が映え、見え方も違っていたのではないでしょうか。

秀吉関連の遺構などを実際に見てみると、思いのほか、秀吉の好みが繊細で洗練されたものであったことが感じられます。黄金の茶室というイメージだけで、秀吉の趣味が悪かったとは一概には言えないと思います。ただ、利休の求めていく侘び茶や草庵風の茶室と、秀吉好みの金蘭豪華を考えると、相反する美意識に向かっていったことがわかります。

利休は、村田珠光が始めた侘び茶を引き継ぎました。さらに、茶室のサイズを小さくしたり、唐物中心だった茶碗から、長次郎にシンプルな黒楽の茶碗を焼かせたり、竹花入れや与次郎釜（利休好みの釜）などを使い始めたりしました。利休が追求している草庵侘び茶に沿った、簡素でオリジナリティのある道具、茶室作りに向かっていきました。また、在世中の僧侶や参禅の師の墨跡を掛物に用いて、一休禅師から引き継いだ禅の精神を茶の湯にしっかり取り込みました。

時を経るうちに、利休の茶の湯が秀吉に受け入れられなくなり、秀吉と利休の蜜月関係は終わりを迎えます。秀吉が大徳寺三門の利休の木像の下をくぐらされ、激高したと言われています。飛雲閣を見てもわかりますが、秀吉が座る席の上には建物がなく、誰も上段に立てない仕組みになっています。利休は堺に蟄居《ちっきょ》を命じられた後、１５９１年70歳で切腹します。

諸説ありますが、細川三斎（細川忠興）と古田織部が、淀川べりで舟にのる利休を、今生の別れとして見送っているため、利休は京都ではなく堺で切腹したと思われます。利休に厚い信頼を寄せていた秀吉の弟・秀長の死や、官僚となった石田三成との不和、そして何より秀吉の朝鮮出兵に利休が反対していたことも、秀吉との関係を悪化させる要因になっていたようです。

茶道へのキリスト教の影響

私も自己鍛錬のため、茶道を習って15年の月日が経ちます。茶道のお手点前の工程でいつも不思議に思うことがありました。フランス・アルザスの友人家族のところを訪ねる度に、カトリック教会の日曜ミサに一緒に行くのですが、神父が聖杯を白い布で清める過程が、茶碗を茶巾で清める所作にすごく似ているなと思っていたのです。

きっと、千利休がキリスト教のミサに行って、その動作をヒントにしたのだろうと思っていたところ、仙洞御所を訪れたとき宮内庁のガイドさんが、「桂離宮では、八条宮智仁親王はクリスチャンだったので、江戸初期にキリスト教が禁じられても、茶会をするふりをして茶室でミサを行っていた」と説明し、驚きました。八条宮智仁親王は、秀吉の養子にもなりましたが、夫人が一人だったそうです（キリスト教では一夫多妻制を禁止）。一休寺の住職からも、濃茶の回し飲みは、ミサの聖餐式で信者が杯を回し飲みすることから来ていると伺ったことは印象的でした。また、織部燈籠は、下部にお地蔵さまのような姿が彫られていますが、これは実はマリア像だったという説から、織部キリシタン燈籠とも言われています。

『建築家秀吉』（宮本健次著）にも、利休とキリスト教の関係が記されています。千利休も古田織部も、最後は自害（キリスト教で自殺は罪）したので、クリスチャンではなかったと言われています。ただ、利休七哲の中にも（文献によってメンバーは異なりますが）、高山ジエスト右近、蒲生レオン氏郷、織田ジョアン有楽、牧村レオン兵部、瀬田掃部《かもん》は、全て入信者であり、利休の娘もクリスチャンでした。細川三斎も入信こそしていませんでしたが、奥方は有名な細川ガラシャです。

――八条宮智仁親王《はちじょうのみやとしひとしんのう》の息子・良尚法親王《りょうしょうほうしんのう》は、自ら住する曼殊院の仏教の儀式に入信の洗礼道具を応用したといい、実際、寺にはカリスとワインボトルが現存している。良尚は茶人としても有名だが、果たしてミサの儀式を茶の湯に応用しようとは考えなかっただろうか。――（前出『建築家秀吉』より）

大徳寺黄梅院の直中庭

大徳寺の塔頭である黄梅院は、亡くなった父親・信秀の菩提を弔うために、信長が秀吉に命じて小庵を建てさせたのが始まりです。やがて１５６２年に大徳寺98世・春林宗俶《しゅんりんそうしゅく》を開祖として黄梅庵となります。

１５８２年に本能寺の変によって信長が亡くなりますが、菩提寺としてはここでは小さすぎるということで、同じ大徳寺内の総見院を信長の追善菩提のために建立します。その後、黄梅庵は、秀吉により本堂と唐門が改装されました。多分、この頃に、秀吉の命によって、利休が庭園・直中庭《じきちゅうてい》を、大書院南側に造ったのではないでしょうか。利休66歳のときに造られました。

黄梅庵には、小早川隆景《こばやかわたかかげ》が寄進した客殿、鐘楼、庫裏などがあります。１５８９年に隆景が寄進した切妻造《きりづまづくり》柿葺《こけらぶき》の庫裏は現存する庫裏としては最古のものとなっています。同年、その名は黄梅院と改められました。

直中庭は、池泉式枯山水庭園です。瓢箪型の枯池が、本堂に行く渡り廊下から観えます。その左奥に三尊石、手前左側には、小ぶりですが印象的な燈籠が設置されています。

この瓢箪型の枯池は、前述した宮本武蔵が明石に造った庭のものと類似しています。多分、後の時代の宮本武蔵が直中庭を観る機会があって、参考にしたと思われます。

春の特別公開のときに直中庭を観に行きました。瓢箪の狭い部分に石橋が架かっていて、橋から本堂に向かい飛び石が置かれています。瓢箪池の左手前には、平たく真ん中が少し窪んだ石と、その横に立石と伏石がありました。私は、この平たい石が亀石、立石と伏石が鶴石に思えました。自己主張することなく置かれた鶴石・亀石です。おそらく利休がほんの遊び心で石を据えたのではないかと想像してみました。そして、瓢箪型の枯池の向こう側にそびえ立つ三尊石を蓬萊山と見立てたとき、鶴亀蓬萊石組が成立します。

そびえ立つ三尊石の中心の巨石は、上部の左側が欠けて中央部が突き出た変わった形をしています。この石は、臨済宗の僧・徹翁義亨《てっとうぎこう》が比叡山から持ち帰った不動三尊石だそうです。

驚いたのは、本堂奥からこの庭を観ると、不動三尊石だけが窓枠を額縁にして浮かび上がることです。計算された石の据え方なのだと確信しました。徹翁義亨は鎌倉時代から南北朝時代に生き、大徳寺一世となっていたので、利休以前から、不動石は同じ場所にあったのでしょう。

枯池については、護岸石組の根の部分が露出しているので、昔は水か、白砂が敷かれていたのではというのが、『禅僧とめぐる京の名庭』の著者・枡野俊明氏の見解です。黄梅院住職によると「雨水は溜まるけれど、不思議なことに溢れ出ることはない」そうです。直中庭のあたりが黄梅院敷地の中で一番低い場所で、枯池の一部に信楽焼の土管が埋まっており、水を排出する仕組みになっていますが、いつの時代のものかわからないそうです。

利休は、茶室用の露地はいくつか造りましたが、庭園というのは珍しいです。露地は、茶室に向かいながら気持ちを静め、手と口を清めて茶室に入るという目的があるので等身大で造られた空間です。それに比べて、庭園は、自然の景色を庭に取り入れる縮景型。造り方が根本から違うのです。

禅僧で庭園デザイナーの枡野俊明氏が『禅僧とめぐる京の名庭』で記しています。

――この庭園が秀吉の希望で作庭されたとすれば、利休はさぞや苦労しただろうと思います。禅宗寺院の庭に対する考え方と、権力者が自らの理想を持ち込もうとして造る庭との間には、大きな開きがある場合が多いからです。――

利休66歳というと、まだ秀吉に気に入られていた頃なので、直中庭は秀吉好みだけど品良くまとめた、創意工夫に富んだ「秀吉をもてなす庭」だったのではと私は考えています。秀吉が馬印に使ったのが瓢箪です。瓢箪は秀吉のシンボルでもありました。瓢箪型の池、秀吉の好きな不動明王の三尊石、加藤清正が朝鮮から持ち帰った燈籠など、秀吉好みのものが散りばめられています。

利休の創意工夫ともてなしの庭は、茶の一服とともに、秀吉の心を満たすことができたのではと思われます。

水戸光圀（1628年〜1700年）と小石川後楽園《こいしかわこうらくえん》（東京）

黄門様が造った小石川後楽園は、
当時のテーマパーク。
明から日本へ亡命した儒学者・朱舜水との、
深い交流から育まれた庭でもある。

光圀は不良だった？

「水戸黄門」こと水戸光圀が、隠居の身となったときに、助さん格さんと諸国を旅して、葵の御紋の印籠を見せながら、悪代官や商人をこらしめる……。でも、これは完全なフィクションです。当時一国の藩主が、たとえ引退の身であっても自由に旅することなどできませんでした。当然、光圀も、日光東照宮参拝と鎌倉の英勝寺への墓参り以外、水戸藩や江戸を離れることはなかったのです。

「水戸黄門」のフィクションの物語は、18世紀半ば頃に出た『水戸黄門仁徳録』から始まりました。お馴染みの助さん（佐々木助三郎）と格さん（渥美格之丞もしくは格之進）のモデルは、佐々《さっさ》介三郎十竹《すけさぶろうじっちく》（助さん）、安積覚兵衛澹泊《あさかかくべえたんぱく》（格さん）だったらしく、この二人は、光圀が始めた藩の一大事業である『大日本史』の編纂に関わる、主要メンバーの儒学者でした。

光圀は、1628年、父は初代藩主・徳川頼房《よりふさ》とその側室・久子の間に生まれました。頼房は徳川家康の十一男だったので、光圀は家康の孫に当たります。ただ、久子は他の側室に比べて身分が低かったので、子供を身籠ったときに堕胎するよう申し渡されました。哀れに思った下臣の三木之次《みきゆきつぐ》の計らいで、水戸の三木夫妻の自宅にて、頼房には出生を打ち明けずに生まれた子だったのです。

光圀は、頼房との三男であり、頼房と久子の間に生まれた長男も生きていました。5歳まで三木家の子として育てられます。6歳のときに、数人いた頼房の後継の中から、三代将軍・家光によって世継ぎと選ばれ、江戸に上ることになりました。頼房は久子を寵愛していましたが、長男は、久子を側室として幕府に届け出る前に生まれた子でした。光圀に期待をかけた頼房は、甥である家光に内密に頼み、光圀を後継ぎに据えたというのが実情だったそうです。

江戸で世子（後継ぎ）となった光圀は、特別な教育を受けていましたが、13歳頃から、江戸で流行っていた「かぶき者」のような格好をしたり、非行的言動を繰り返していました。

光圀がかぶき者の様相で不良的だったのに対し、長男の頼重は模範的好青年だったそうですが、頼房の息子として認められるのは頼重16歳のときでした。光圀はこの兄を差し置いて自分が後継ぎとなる負い目や、自由の利かない生活に反抗するのが要因となり、不良になったのではと、『徳川光圀』（鈴木暎一著）で説明されていました。

同書によると、光圀は18歳のとき、司馬遷《しばせん》の『史記』内の「伯夷《はくい》叔斉伝《しゅくせいでん》」を読み、兄弟がお互いを思い合い、どちらも後継にならず国を出た話に感銘を受けます。

——光圀は兄弟の高い徳義《とくぎ》に感動し、三男の自分が兄を超えて世子となったことに改め

て強い心の痛みを覚えるとともに、この読書体験を契機にこれまでの奔放無自覚な言動を深く反省し、以後、学問に励むようになる。しかも人生の目標として、やがて自分の子に男児が生まれても次の三代藩主には兄頼重の子を立てること、改心の動機をつくってくれた『史記』をみならい、そのような立派な史書を日本の歴史について編纂すること、この二つを決意するにいたった、と伝えられている。——

改心した光圀は実際、兄・頼重の息子を自分の後継ぎとし、『大日本史』の編纂に尽力することになります。

城主としての光圀

水戸光圀は、1654年、27歳のとき、後陽成天皇の孫にあたる泰姫《たいひめ》（2年後に尋子《ちかこ》と改名）と結婚します。実は、その2年前に別の女性との間に男児を授かっていますが、その子は内々に光圀の兄の頼重を頼り讃岐高松に移され、やがて頼重の後継ぎとなります。

1657年、明暦の大火で、江戸にある水戸藩屋敷の小石川邸も焼けてしまい、泰姫は体調を崩しそのまま亡くなります。夫婦仲がよかった光圀は、生涯後妻を迎えなかったそうです。また、師と仰いでいた林羅山が、『本朝編年録《ほんちょうへんねんろく》』を編年体という年代順に記述する方式で幕命により編纂していましたが、大火でたくさんの書籍を失ったショックにより亡くなってしまいます。

大切な二人を失くした大火でしたが、1ヶ月後に焼け残った茶屋に史館を置き、『大日本史』を紀伝体（人物ごとの事蹟を中心に記述する方式）で編纂する大事業に取り掛かります。

奈良・平安時代に編纂された『六国史』以後の正史がなかったので、桓武天皇から後小松天皇あたりまで調べて書き上げるという大変な作業でした。68歳の光圀が、京都の遣迎院応空和尚《けんごういんおうくうおしょう》にあてた書簡には、その大変さが記されています。

――私は十八歳のころから少しばかり学問をするようになった。その時分から考えていたことは、わが国にはいわゆる六国史が存在するものの、いずれも編年体で『史記』のような紀伝体でない。上古から近代までの出来事を本紀列伝《ほんぎれつでん》に仕立て、『史記』のような体裁にしたい、そう考えて史局を設け今日まで四〇年ほども修史に取り組んできたのだが、思うように史料が集まらず、したがって編集も捗《はかど》らなくて困っているところだ。

――（『徳川光圀』鈴木暎一著より）

『大日本史』は、光圀在世中は本紀（73巻）と列伝（１７０巻）が既に書き終わっていました。志（１２６巻）、表（28巻）と目録（5巻）と全てが完成したのは、１９０６年、水戸・徳川家の手によるもので、神武天皇から南北朝の終期に至る歴史が記述されています。史料を尊重し、京都、奈良、吉野、紀州方面をはじめ、中国、九州、北陸の一部、東北地方に館員を派遣し、史料集めにあたらせました。

20代の光圀は、儒教主義が徹底していて、仏教は嫌っておりました。30代半ばで藩主になったときは、仏教嫌いも和らぎ、儒教、仏教、神道それぞれが純正な信仰として保たれるのであれば、認めようとしました。年をとるにつれて仏教への思いが強くなり、70歳目前の１６９６年に、出家しました。

――かたちより　せめて入《い》るさの　法《のり》の道　分《わけ》て尋ねん　峯の月影　「せいぜい僧形《そうぎょう》からはいることにしよう、この仏道修行に、道に踏み入って仏教の真理である真如の月が頂上に輝くさまをたずねたいものだ」という意味に解される。――

――光圀の精神は、その中核には武人・武将としての誇りと覚悟が厳然と存在し、それ

を包み込むように十八歳から自覚的に蓄積してきた儒教・和歌《わか》・和学《わがく》、そしてその外側には仏教の、知識・教養がしだいに層をなしつつ、文人としても厚みを増してきた、という構造になろう。——（前出『徳川光圀』より）

時は五代将軍綱吉の時代です。「生類憐みの令」に反抗するように、光圀は「千寿会」という会合で鷹狩りの話を出すなど、綱吉の政治を快く思っていなかったことがうかがえます。徳川三家を大事にしない綱吉や幕政に批判的だったのでしょう。

しかし、表向きは、将軍・綱吉や柳沢吉保とも波風立てない付き合いをし、黄門様（中納言の唐名）として存在感と影響力を発揮しました。その後、健康状態に不安を感じはじめると隠居し水戸に戻ります。家督を継いだのは、兄・頼重の次男・綱條《つなえだ》でした。水戸の西山荘と呼ばれている山荘で10年隠居し、最後まで『大日本史』の編纂に尽力しました。１７００年、73歳で息を引き取りました。

朱舜水との出会い

朱舜水《しゅしゅんすい》は、中国・明の時代の儒学者（１６００年生まれ）です。明が滅亡の危機に瀕したときに、長崎に渡り、日本に亡命しました。１６６５年、光圀によって水戸藩に招かれ江戸に上がり、光圀の師として水戸藩中屋敷・駒込邸に住みました。

舜水の光圀に対する第一印象として、「礼儀正しい態度で気品があり、話す言葉も打ち解けておだやかだった」と述べています。光圀も、一目で舜水の人柄に敬服し、それ以後は師と仰ぎ、色々なことに影響されていきます。

舜水の実理・実学を重んずる独自の学風に感服したと、前出『徳川光圀』に記されています。

後述する小石川後楽園は、頼房が築造したものを光圀が舜水の意見を聞いて、中国式に治したと言われています。

1682年、舜水は、水戸藩に招かれてから18年目に、駒込の藩邸にて83歳で永眠します。光圀は、水戸・徳川家の墓地・瑞龍《ずいりゅう》山《さん》に明朝式の墓をつくって舜水を手厚く葬ります。この墓地に水戸・徳川家以外は誰も葬られることはなかったので、異例中の異例の出来事でした。国を追われ、祖国に帰ることのできなかった師の無念を思い、日本で丁重に祀ったことは、光圀と舜水の師弟を超えた深い関係性が見えてきます。

光圀は、舜水を水戸に呼び、孔子の大聖堂や城下に大成殿や学校も作りたかったようですが、資金が工面できず、実現しませんでした。

２０１１年の東日本大震災で被害を受けた、茨城県にある舜水、光圀の墓所（瑞龍山）の復旧工事完了記念の際、水戸徳川家十五代当主と舜水の末裔にあたる朱育成さんが、修復後の墓石に深々と頭を下げていました。二人が友情を育んでから、３００年以上の月日が経っていました。

小石川後楽園

小石川後楽園は、江戸初期に造られた大名庭園の一つで、池泉回遊式と言われています。中心に大きな大泉水（池）があり、その周りを歩いて巡る庭園です。大きな建造物はなく、散策の途中に一息つくための茶室や休憩場所が点在しています。

そもそもは、水戸藩の初代藩主・徳川頼房が、京都から徳大寺佐兵衛を招いて、小石川の中屋敷に造らせたものです。池の真ん中に蓬莱島があり、手前に大きな長方形の石が屹立しています。これを「徳大寺石」と呼び、庭師の名前が由来となります。

頼房が富士山や京都の大堰川など名勝を表現した景観を造りましたが、二代目・光圀は庭園を完成させるために、石造りの円月橋や西湖堤など中国のテイストを盛り込みました。

朱舜水の影響が見てとれ、事実、作庭法など彼から学んでいました。丸いアーチ型の円月橋は、朱舜水自身が設計したと言われています。

中国の杭州にあった白楽天など文化人の憧れの景勝地「西湖《せいこ》の堤《つつみ》」の景色の縮図は有名で、以後日本各地の大名庭園に大きな影響を与えました。1・4m幅の細い道が池の中央に約40m一直線にまたがっていて、その真ん中に小さなアーチ型の橋があり、ともすれば見落としてしまうぐらいの光景です。

こうしたことが小石川後楽園の最たる特徴、つまり歩いて巡るだけで、京都や中国の名勝を観賞できる、今で言う「テーマパーク」のような面白みを生むことになります。もちろん、桂離宮にも天橋立を思わせる縮景はありますが、日本と中国の名勝が巧みに配置され、連続して観賞できるのは小石川後楽園だけです。

後楽園という名は、中国・北宋の大臣だった范仲淹《はんちゅうえん》が書いた『岳陽楼記《がくようろうのき》』の中の「天下の憂いに先だって憂い、天下の楽しみに後れて楽しむ」から、朱舜水が命名しました。

庭園は四つの景色に分けられます。まずは、中島（蓬莱島）を中心とする大泉水とその周辺の「海の景」、次に、西湖堤、渡月橋、大堰川、通天橋を結ぶ「川の景」、清水観音堂、小廬山、得仁堂、円月橋を繋ぐ「山の景」、そして、稲田、菖蒲田、梅林の「田園の景」です。巧みな手法により、決して重複することなく、次々と変化に富んだ景色が現れます。

初めて小石川後楽園を訪れたのは冬の寒いときでした。江戸時代の大名達がいかに京都や中国に憧れを持っていたのかがわかりました。光圀でさえ、行動を限定され、旅をするのが困難な時代でした。「行ってみたいな、渡月橋や通天橋の紅葉の名所」。昔の人は、庭を通して憧れの場所に思いを馳せたのでしょう。ましてや、故郷に帰りたくても帰れない朱舜水は、西湖堤や円月橋を眺めて何を思ったのでしょうか。

国籍を超えた光圀と朱舜水の友情・師弟愛は、同じ墓所に眠り永遠のものとなりました。庭造りを通して、光圀と朱舜水は親交を深めていったように感じます。光圀が朱舜水の故郷愛を鑑み、庭園に反映させ、その悲しみを和らげようとしたことからも明らかです。光圀の寛容さと思いやりが、究極のおもてなしの庭を造り上げたのだと思います。

ブルーノ・タウト（1880年〜1938年）と桂離宮《かつらりきゅう》（京都）

ドイツの建築家ブルーノ・タウトをうならせた、桂離宮の庭園。
満月の夜に起きる想像を絶する仕掛けは、
八条宮智仁・智忠親子による
究極のおもてなしである。

ブルーノ・タウトの人生

ブルーノ・タウトはドイツ人の建築家です。日本では、桂離宮を絶賛したことで有名ですが、いったい、どういう建築家だったのでしょうか。

東プロシャのプロイセン州の首都ケーニヒスベルクという、今はロシア領のカリーニングラードに生まれます。同地の土木建築専門学校を卒業後、１９０３年、ベルリンで、最新の建築技術に詳しいブルーノ・メーリングの事務所の門を叩きます。

彼はベルリン時代、他の若い建築家達とコリーンサークルという芸術家の集まりのメンバーになります。コリーンとは、ベルリンの北東から50キロ離れた田舎町で、彼はこの自然あふれる環境の中、自然と建築について考えるチャンスを得ました。こうした経験から、後に桂離宮の美意識に惚れ込むことになります。

また、シュトゥットガルトでテオドール・フィッシャーに師事します。そして、１９０９年に、ベルリンでＦ・ホフマンと共同事務所を開き、展覧会で「鉄の記念塔《モニュメント》」や「ガラスの家」などモダンな作品で脚光を浴びます。第一次世界大戦後は、表現主義建築運動を推進します。また、「具体的なユートピア」として、当時、監獄のような労働者住宅のために、集合住宅の建築に力を注ぎました。ベルリンに残したジードルングという集合住宅は、緑あふれる共有の庭を取り入れ、室内はシンプル・モダンで配色が美しく、後に世界文化遺産に登録されることになります。

革命に憧れを持っていたためか、1932年から1933年の間、ソ連のモスクワで建築の仕事に携ります。しかし、帰国後のドイツはナチス政権に変わっていて、職と地位を失ってしまいます。ナチスに追われたということで、ブルーノ・タウトがユダヤ人だったと勘違いしている人もいますが、彼は生粋のドイツ人でした。ただモスクワで仕事をしていたために、国を追われることになったのです。ゲシュタポにも命を狙われ、スイスに移住し、1933年5月3日に、エリカ夫人とともに、日本の敦賀に到着します。「日本インターナショナル建築会」の上野伊三郎が日本訪問を誘った手紙がきっかけでした。

日本に到着した翌日に、桂離宮と運命的な出会いをします。こうして彼の数奇な運命が日本でも展開されることになりますが、日本滞在はたった3年でした。また、日本国内の建築作品は桂離宮に影響されて手掛けた、熱海の旧日向別邸《ひゅうがべってい》地下部分のみです。木材の貿易商日向利兵衛が、ブルーノ・タウトに好きなように建てるよう依頼して叶ったものだけでした。この3年間、彼は日本について執筆しています。それが、彼と日本の桂離宮を世界に発信するきっかけとなりました。

1936年、トルコのイスタンブールに再移住して、精力的に近代化のために建築設計を行いましたが、1938年気管支喘息のため、トルコで帰らぬ人となります。享年58歳でした。

八条宮智仁親王の人生

桂離宮とブルーノ・タウトの出会いの話をする前に、もう一人の重要人物、桂離宮を建てた八条宮智仁親王《はちじょうのみやともひとしんのう》の人生についても、少し触れておきたいと思います。なぜなら、ブルーノ・タウトに負けないぐらい、智仁親王も数奇な運命を辿るからです。

八条宮智仁親王（１５７９年〜１６２９年）は、八条宮（桂宮）初代で、正親町《おおぎまち》天皇の皇子・誠仁《さねひと》親王の第6皇子です。彼は、将来を期待されながら、二度もチャンスを断たれたことで、この桂の地の離宮で深く文化に興じていくことになります。

１５８６年、親王が8歳のとき、即位するはずの父が病死し、兄が後陽成天皇として即位することとなり、親王は豊臣秀吉の養子になります。このとき秀吉は子供に恵まれていなかったため、将来は関白職に就く予定でした。けれども3年後、秀吉と淀君の間に子供ができたことから、養子縁組が解消されてしまいます。

もう一つの悲しい出来事は１５９８年に起きました。兄の後陽成天皇が退位することになり、後陽成天皇のたっての願いとして、次の天皇は弟である智仁親王にとなりました。けれども、次の天皇は、後陽成天皇の長子である良仁《かたひと》親王とすでに決まっていたので、この要請も却下されてしまいます。内大臣であった徳川家康が反対したから叶わなかったとも言われています。家康からすれば、親王は一時でも豊臣家の養子であった人物です。やはり、徳川と豊臣の争いのときに備え、親王を天皇にしたくはなかったのでしょう。

自分の性格や振る舞いに関係なく、時代のパワーゲームに翻弄された挙句、地位につけなかった八条宮智仁親王ですが、公家と武家両方の文化に触れていたので、茶道に和歌、俳諧を身につけていました。１６００年には、細川幽斎から古今伝授を受けます。また、それを後水尾《ごみずお》天皇に伝授しました。

こうした文化的な遊びに興じるための建物や庭にも趣向を凝らしました。数寄屋風建築という新たなスタイルを確立したのも八条宮智仁親王です。親王が家領の下桂《しもかつら》村に山荘を造営するのが、桂離宮のはじめとなります。

下桂村は、京都・桂川の西岸にありました。対岸には「桂の渡し」があり、「桂筏浜《かつらいかだはま》」という丹波から京都へ送られてきた木材の集積地がありました。南には山陰と京都を結ぶ丹波街道、そして桂川を南へと下ると淀川から尼崎にも通じます。下桂村は交通の要所であり、その収益の一部で宮家が支えられていたと言われています。

また、桂川・西岸は平安時代から貴族の別荘が点在し、月の名所とされていました。藤原道長の別荘「桂別業」も存在し、紫式部が書いた『源氏物語』のモデルとなった場所でした。親王がここに居を構えることは、経済的にも文化的にも理にかなっていたのです。

１５４９年、鹿児島にフランシスコ・ザビエルが到着してから、１６１５年前後までキリスト教信仰の最盛期を迎えます。特に、智仁親王の妃は、キリシタン大名・京極高知の娘です。また、親王は妃を一人しか迎えていないところから、キリスト教に深く関わり合っていたとも言われています。

千利休の項でも記述しましたが、京都御所内の仙洞御所を訪ねたときに、宮内庁のガイドさんより、桂離宮の八条宮家はクリスチャンで、茶室でミサを行っていたのだと説明を受けました。庭園には、織部のキリシタン燈籠もありました。燈籠下はマリア像だとも言われています。燈籠の竿上部の膨らみに、ＦＩＬＩ（ラテン語で「キリストよ」の意味）と判読されるローマ字の組み合わせ記号が彫られているものもありました。

智仁親王薨去により、第一王子にあたる八条宮智忠《としただ》親王が後を継ぎ、後水尾院御幸のため桂離宮を増築します。後水尾天皇をもてなすために、庭や茶室が建てられました。

残念ながらそのときは後水尾院の御幸は叶いませんでしたが、後の１６６３年に穏仁《やすひと》親王が後水尾院を迎えた様子を、金閣寺の僧、鳳林承章《ほうりんじょうしょう》が記録しています。舟を出して月見をしたり、宴や茶会、歌会などが優雅に催されたそうです。

ブルーノ・タウトと桂離宮

ブルーノ・タウトは1933年5月3日、敦賀に上陸しました。次の日が誕生日だったので、日本で一番良い建築を見たいと頼み連れて行かれたのが桂離宮でした。普段は辛口の理論家だった彼の口から、とっさに出てきたのは「泣きたくなるほど美しい印象だ」でした。

桂離宮の細部について次のように語っています。

――茶室（松琴亭）への道。一、和やかな田舎の風景。二、せせらぎの田園詩。三、小石を敷いた荒磯の寂寥、岬の『外端』に一基の石燈籠。（中略）四、粗硬な石は訪う人の歩みを阻むかの如く、『静慮せよ！』と要求する。流れに架した長大な角石、この石橋を渡るとすぐ松琴亭―やや高みに建てられた茶室―である。この茶室に参る氣持の安らかさ。ここには『帝王の巍々たる荘嚴』は微塵もない。精選された用材、多種多様な變化はすべて用材そのものとこれに施した優雅な加工とから生じる―例えば松琴亭二の

間の或る部分に立て列べた棧など――（『桂離宮　ブルーノタウトは証言する』宮元健次著より）

日本に来たばかりで何の予備知識もないのに、いかに細かく正確に庭の特徴を表現しているか、その観察力にただただ驚きます。これは、外腰掛けから松琴亭の茶室に達するまでの庭の道の描写です。彼は、前出『桂離宮　ブルーノ・タウトは証言する』によると、著書『ニッポン』のなかでも、――**その道は人を招くというよりはむしろ〈よくお考えなさい〉と言って斥《しりぞ》けているかのような感じがする**――と記しているようです。

ブルーノ・タウトは、53歳の誕生日に桂離宮に巡り会い、「一生のうちで最も善美な誕生日だった」と日記に書き添えていました。そして翌年の5月に彼はまた桂離宮を訪ねています。このときは、日本の墨筆でスケッチをし、「画帖桂離宮」として記録を残しています。

松琴亭「一の間」の有名な「白青市松模様」の襖絵も描き、前出『桂離宮　ブルーノ・タウトは証言する』によると、以下のようにドイツ語の詞書を記しています。

——諸君はすでに　哲学的恬静を　親しく実証した　茶室　床の間は　明朗である　宴飲を楽しめ　ここで諸君は　また小瀑の響を聞く　自然の眺めは　明朗である——

白青市松模様を眺めることによって、また再び小瀑の響きを心中に聞くという解釈だそうです。

また、庭園全体の結論として、——芸術は　意味である　最大の　単純のなかに　最大の　芸術が　ある——と記しています。さらに、次のようにも表現しています。

——桂離宮では　眼が思惟する　修学院離宮では眼は見る—　桂と同時代に造営された日光では　眼はやがて見なくなり　一切の思惟はやむ　桂離宮では　眼は　思考と芸術との　或は　哲学と現実との　媒介者である——

1950年頃までは、桂離宮は全て小堀遠州作とされていたので、ブルーノ・タウトもそう信じていました。「小堀政一《まさかず》巨匠、芸術家、改革者、それ以上に自由な精神」と讃えています。そのため、同じ遠州作品・日光東照宮にも行きましたが、きらびやかな様相に批判的な目を向けています。

桂離宮

桂離宮を語るには何ページあっても足りませんので、ごく一部の庭と建築を紹介したいと思います。まず、八条宮智仁親王が建てたときから存在していたであろう、古書院前の月見台です。約六畳ほどの広さで、柵はありません。中秋の名月のときは、この月見台の真ん中を目指して、向かい側の山間から満月が上ります。月の軌道を計算して、一分の差もなく作られた月見台なのです。

御幸道《みゆきみち》の中門前から見えるのは、「亀の尾の住吉の松」。小さめの松が頃合いよく枝葉を横に伸ばして立っています。これは、「衝立松《ついたてまつ》」とも言い、左右の生垣とともに視界を遮り、庭の奥がどうなっているのかが簡単には見えない工夫がなされています。「さあ、歩き進むと庭が徐々に見えて来ますよ」と、訪問者の期待を増すような工夫ではないかと私は思っています。

また、御幸道は先細りになっていて、パースペクティブを使い、より奥行きを出していいます。多分、この辺りから松琴亭にかけては、智忠親王が増築したときに、小堀遠州が参画して造ったのではないかと思われます。

ブルーノ・タウトが描写したように、もう少し進むと天橋立の景色を表した縮景があります。池の岬に、小石が半島のように敷き詰められ、その先に灯台として建てられた小さな燈籠があります。州浜から天橋立越しに、松琴亭を望むことができる場所です。川端康成の小説『虹いくたび』では、主人公達の会話から、桂離宮の庭園の様子と歴史的背景が垣間見られます。なぜ、天橋立かというと、智仁親王の妃が丹後の生まれだからだそうです。月夜に舟で古書院から松琴亭に繰り出すときに、燈籠の光が茶室へ導くことになります。縮景の灯台の姿だけでなく、舟のために灯りを照らす本来の役目も担っています。

そして、茶室・松琴亭一の間の、襖の白青の市松模様。この間から茶室に向から外の飛び石も白、青と交互に置かれていて、襖の市松の白青に呼応しています。『虹いくたび』では、市松模様は加賀奉書でできていると語っています。加賀と言えば、息子・智忠親王の妃は前田家から輿入れされました。

市松模様も、小堀遠州の作とされています。17世紀にすれば、襖に使われた白青市松模様はとてもモダンなものに感じられるのですが、昔から公家の間では、市松は着物の柄の一つだったそうです。私はミホミュージアムで、オランダ風写しとして、白青市松模様の器（乾山《けんざん》色絵阿蘭陀《おらんだ》写《うつし》市松文猪口《いちまつもんちょく》／尾形乾山（１６６３年～１７４３年作）を見たときに、ひょっとしたら小堀遠州もこの柄をどこかで見ていたかもしれないと思ったりしました。

それは、小堀遠州は茶道家でもあり、また、宣教師に洋風建築を習ったとも言われているからです。オランダへ茶陶の注文に力を注いでいたとも言われているので、オランダの市松模様の器を見ていたのではないかと。和の伝統であれ西洋風であれ、いずれにしてもこの斬新な白青市松模様の襖は、訪ねてくる全ての人に強い印象を与え魅了します。


建築では新書院二の間の床脇《とこわき》木瓜型《もっこうがた》刳抜《くりぬき》や、上段の間の付書院や桂棚など、その個性あふれるデザインに魅了され、ブルーノ・タウトはスケッチを残しています。

書院や茶室の襖の引き戸には、遊び心満載の様々な意匠が施されています。

そして、庭の延段は三種類あり、切石のみの「真の敷石」、切石と自然石の「行の敷石」、自然石のみの「草の敷石」など、真・行・草の格を変えながら、導線を美しく繋いでいく工夫がされています。


このように、景色を演出する道の作り方、庭園内を散策する導線の繋ぎ方、散策中に目にすることができる木々、橋、燈籠など、全てが計算し尽くされているのが桂離宮です。散りばめられた意匠は、それぞれ小さな自己主張をしながらも、決して周囲との和を乱さないのです。おもてなしの真髄とも言える、驚きと心地よさがそこにあります。私が、桂離宮が究極のおもてなしのための庭園と考えるのはその細かい心配りにあります。

御幸道が月明かりに照らされている写真が、『桂離宮』（写真・三好和義）に載っていました。「霰《あられ》こぼし」の道の黒い小石に混じり、月明かりで白く光る石が点在し、それが星のように神秘的な光を放っているのです。月夜に特化した庭造りは、足元の小石にまで仕掛けられていました。

数寄屋造りと数奇な人生の接点の果て

前出『桂離宮　ブルーノ・タウトは証言する』に、「思えば桂離宮にかかわる者はすべて数奇であった」と書かれています。桂離宮の創建者・八条宮智仁親王は、関白にも天皇にもなれず、現実から逃避するために桂離宮造営に打ち込んだとされています。それを引き継いだ息子・智忠親王は後水尾院の御幸を待たずに、44歳で亡くなっています。その後継ぎも若くして亡くなり、とうとう十二代目淑子内親王で八条宮家（桂家）は断絶してしまいます。

桂離宮創建からおよそ300年後に来日したブルーノ・タウトも祖国に帰れず、時代に振り回された数奇な運命を辿ります。反政府的な立場で、生活も決して満たされない状況にありながら、もてなしの喜びと美意識をその建築や庭園に込め、自然との融合に心しました。ブルーノ・タウトと八条宮智仁親王の生き方が重なります。

ブルーノ・タウトは、日本を離れる前に曼殊院を訪ねました。ここは、八条宮智仁親王の次男・良尚法親王が建てたものです。ブルーノ・タウトは曼殊院も「世界において唯一無二である」と絶賛しています。

桂離宮を通してブルーノ・タウトが本当に尊敬し心を通わせたのは、そのとき作者と言われていた小堀遠州ではなく、「ここにお住いになられたのは、さる有名な親王である」と桂離宮を観たとき日記に一度だけ書いた、八条宮智仁、智忠親子だったのではないでしょうか。時代を超えて、国籍を超えて、相通じる究極の美意識を見出したのでしょう。

控えめだけれど計算され尽くした美は、客を心からもてなすためのものです。訪れた者はその細やかな心配りに、感銘を受けるのでしょう。ブルーノ・タウトもその一人でした。

稲盛和夫（1932年〜）と和輪庵《わりんあん》（京都）

稲盛が創設した京都賞の受賞者が、
招かれる庭として話題の和輪庵。
経済界を牽引する稲盛和夫の世界観が集約され、
京セラ迎賓館としての役割を担う。

稲盛和夫と京セラ

1932年、鹿児島生まれの稲盛和夫は、大学進学時、医学部を断念し工学部に入ります。就職先がなかなか見つかりませんでしたが、1955年に京都の松風《しょうふう》工業に入社します。研究に没頭した結果、セラミック部品を開発します。

1959年に独立して、社員28人という少人数で京セラの前身、京都セラミックを立ち上げます。ファインセラミックの技術を核としてビジネスを広げるための新会社設立でした。松下電子工業向けアナログテレビブラウン管用セラミック絶縁部品、U字ケルシマというフォルステライト管に粉末ガラスを詰め溶融した部品の量産化に成功します。どこにもないセラミック部品を作りだそうと、創意工夫で、日々新しい研究開発を続けていきました。

当時、日本では、資本金を持たないベンチャー企業は、いくら製品の質が良くても、大企業に相手にしてもらえないというジレンマがありました。ですから、稲盛はアメリカに進出して大手の会社に自社製品を売り込みに行き、それが大きな転機となりました。

やがて、IBM社から、コンピューターの基板になるセラミック（アルミナ・サブストレート基板）を2500万個作れるかと問われ、昼夜を問わない努力の末に、納品。そのことが売上を伸ばすのみならず、国内の大手企業にも信用を得て、会社が大きく発展するきっかけとなりました。

1960年代には、米国最大手半導体メーカーから、高密度積層ICパッケージ（マルチレイヤーパッケージ）の発注を受け、苦労の末、製品を納入することができました。不可能を可能にしたのです。その後、全世界の半導体メーカーから注文が寄せられるようになりました。製品名で有名にならなくても、あらゆる製品の部品として京セラが使われている、これを独自の経営戦略として打ち立てていきます。

１９８４年、日本の電気通信事業が自由化され、新規参入として、手持らの資金１５００億円のうち１０００億円を持ち出し、ＮＴＴに対抗する新たな会社ＤＤＩ（第二電電／現ＫＤＤＩ）を立ち上げました。国民により安い通信料金をという、使命感からの新規参入でした。これは、稲盛自身、大きな決断だったと語っています。

２０１０年には、倒産したＪＡＬを救って欲しいと政府に頼まれて、無報酬で再建に取り掛かります。現場に足繁く通い、意見を聞きました。そして、売上最大、経費最小などを従業員に徹底させ、一方で働きがいのある職場に変え意識を高め、わずか2年で再建しました。「謙虚にして驕《おご》らず、さらに努力を」をモットーに、親方日の丸的な考え方を取り除き、意気消沈した社員を勇気づけ会社を立て直しました。

京セラ本社の展示室を見学したときに、10年以上赤字が続いてもなお太陽電池パネルの開発を行った過程を見ました。枯渇する資源エネルギー問題や地球環境問題の解決に寄与するというのが、稲盛の願いだったそうです。砂漠を移動する医師がラクダに乗り、小さな太陽電池パネルをかざしている写真が印象的でした。太陽電池でワクチンを冷やしていたのです。

稲盛和夫フィロソフィ

京セラフィロソフィは、「人間として何が正しいのか」、「人間は何のために生きるのか」という根本的な問いに真面目に向き合い、京セラを今日まで発展させた経営哲学です。稲盛が、「京セラを経営していく中で、私は様々な困難に遭遇し苦しみながらもこれらを乗り越えてきました。その時々に、仕事について、また人生について自問自答する中から生まれてきたのが京セラフィロソフィです」と、公式サイトで説明しています。

『京セラフィロソフィ』(稲盛和夫著)は、あまりにも有名ですね。同書の中で、私が最も興味を持ったのは「京セラフィロソフィ」のほかに、「六波羅蜜」について語っている箇所です。「六波羅蜜」とは、「彼岸に至る」までの6つの修行のことです。御釈迦様は、人生の究極の目的は、悟りを開くということであり、その悟りの境地が、彼岸に至ることだと説かれました。

――悟りを開けば安心立命の境地に至り、そこが極楽浄土というわけです。その極楽浄土に渡る方法として、御釈迦様は『六波羅蜜《ろくはらみつ》』という修行をせよと説いておられます。

「布施」人を助ける行為、「持戒」戒律を守ること、「精進」一生懸命働くこと、「忍辱《にんにく》」耐え忍ぶこと、「禅定《ぜんじょう》」座禅を組む（心を静める）、その修行の最後に「智慧」に至るそうです。森羅万象を支配する宇宙の根本原理を知る、つまり悟りに至るわけです。この六波羅蜜を心がけ、一生をかけて人格を磨いていくことが大事だそうです。

なかでも「精進」努力を惜しまず一生懸命働くことが、基本的で重要です。「ものを成し遂げる」というのは、楽な方向ではなく、誠心誠意の努力、苦労を厭わないことが大切なのだそうです。

『京セラフィロソフィ』の中でも独特で、庭のテーマともなっている「利他主義」を紹介したいと思います。

――私たちの心には「自分だけがよければいい」と考える利己の心と、「自分を犠牲に

しても他の人を助けよう」とする利他の心があります。利己の心で判断すると、自分のことしか考えていないので、誰の協力も得られません。自分中心ですから視野も狭くなり、間違った判断をしてしまいます。一方、利他の心で判断すると「人によかれ」という心ですから、まわりの人みんなが協力してくれます。また視野も広くなるので、正しい判断ができるのです。より良い仕事をしていくためには、自分だけのことを考えて判断するのではなく、まわりの人のことを考え、思いやりに満ちた「利他の心」に立って判断をすべきです。――

リーダーの資質

稲盛和夫は経営者の勉強会「盛和塾」の塾長を務め、たくさんの経営者に支持されています。中国でも稲盛和夫は大変人気で、勉強会の盛和塾では、3000〜4000人の人々が集まるそうです。

稲盛は、中国の経営者には、金持ちになりたいという欲望が原動力の利益追求型のきつい人間性の経営者が多いが、それだけではダメで、利他の心が大切だと説いています。多くの参加者が、稲盛に賛同していました。利他の心があると、会社は強くなり安定すると語っているのが印象的でした。

稲盛和夫は、人生を三期に分けて考えて、60歳頃からの第三期を、死ぬための準備期間として考えているそうです。その準備の一つが得度です。65歳で圓福寺で得度しましたが、その直前には、胃にガンが見つかって手術をしたそうです。

厳しく辛い托鉢の修行もしていたというのは驚きです。仏教的な思想では、魂は輪廻転生で、良きことを思い行うことで、魂を磨きあげるのが意義のある人生だそうです。

稲盛和夫と京都賞

稲盛は、日本初の国際賞である「京都賞」を始めました。きっかけは、かつて、セラミックで素晴らしい研究開発をしていたときに、東京理科大学の教授が自身のポケットマネーで、技術開発に懸賞金を与えていたことでした。事業も成功しお金もある自分が、今度は賞を与える側に立つべきではないかという心の声が聞こえたそうです。

「差し上げるならば、ノーベル賞に次ぐ立派な賞を」と、私財の200億円をつぎ込んで、京都賞を作りました。これは、人類の科学や文化の発展に貢献した者を表彰する目的で、1984年に立ち上げられました。

毎年、「先端技術部門」、「基礎科学部門」、「思想・芸術部門」の各部門に一賞、計三賞が贈られます。受賞者には、京都賞メダルと賞金一億円が与えられます。京都賞は、稲盛財団によって運営されています。

２０１６年に、京都賞の基礎科学部門で受賞した京都大学の本庶佑《ほんじょたすく》氏が、２０１８年、ノーベル賞の生理学・医学賞を受賞しました。京都賞がノーベル賞の前哨戦と言われる所以です。２０１２年に、ＩＰＳ細胞でノーベル生理学・医学賞を受賞した京都大学の山中伸弥氏も２０１０年に京都賞を受賞しています。

また、稲盛財団の寄付により、２００８年に米国ケースウエスタンリザーブ大学「倫理と叡智のための稲盛国際センター」が設立されました。ここでは、模範的な倫理のリーダーシップを実践し人類社会に多大な貢献をした個人を讃えて、稲盛倫理賞が授与されます。実は、この賞は稲盛の肝いりだったそうですが、倫理という抽象的なことが日本では賛同を得られず、アメリカの大学がこの趣旨に賛同して制定を迎えたそうです。

こちらも、２０１４年にこの稲盛倫理賞を受けたデニス・ムクウェゲ氏が、２０１８年のノーベル平和賞を受賞しました。ムクウェゲ氏は、戦争に端を発する性的暴行被害者を救済するとともに、女性の人権擁護のために献身的な活動を続けているという功績が、ノーベル賞でも稲盛倫理賞でも受賞理由となりました。

ちなみに、この機関は、世界中に倫理的なリーダーシップを育てることを目的に、教育・研究活動を続けています。社会、さらには世界に貢献する人々に寄り添う京都賞および稲盛倫理賞は、京セラフィロソフィ「利他の心」が国境を超えて、世界貢献に広がっている証だと思います。

和輪庵

和輪庵（旧蒲原達弥邸）は、京都・南禅寺界隈の別荘庭園群のなかでも、名高い名園の一つです。

――和輪庵にほど近い明治23年（１８９０）に竣工した琵琶湖疏水分線に沿っての散策路は、現在『哲学の道』と称され多くの京都市民や観光客に親しまれている場所でもあります。蒲原はこの地に建物から西面の真如堂や金戒光明寺の借景を取り入れた庭園を造営しました。作庭は七代目小川治兵衛。南禅寺界隈別荘庭園群の多くが琵琶湖疏水の水を利用しているのと同様に、和輪庵の池の水も琵琶湖疏水分線から直接導水されてい

ます。この庭園はアカマツ、クロマツ、モミジを中心とした植栽に囲まれた池泉式回遊式庭園です。(『植彌加藤造園株式会社ホームページ』より)——

七代目小川治兵衛については、次の無鄰菴《むりんあん》で詳しく述べますが、和輪庵も小川治兵衛によって作庭されました。東山界隈は普通、西側に居を構えて、東山を借景にする形が多いのですが、和輪庵は、敷地の東側に建てられた西向きの建物から、西側の真如堂や金戒光明寺の丘を望めるようになっています。つまり、真如堂や金戒光明寺《こんかいこうみょうじ》の文殊堂が、借景として望めるのです。

1980年に京都セラミック(現京セラ)の所有となり、今は京セラの迎賓館として、特別な客を迎える場所となっています。

私は、和輪庵にて京セラのジュエリー展が開催されていた期間に、庭を観る機会を得ました。池泉式なので、庭の真ん中に池が広がり、舟も繰り出せるようになっていますが、意外に池がこぢんまりしているなというのが実感でした。池は、東側に建つ洋館から、北側の和の建物へと繋がっていました。池の手前の芝生地に立つと、美しい景色がまるで絵のようでした。紅葉のときで、モミジと松のコントラストが美しかったです。植栽中心の庭なので、控えめに燈籠や橋が配置されていました。

庭は一周できるので、巡るうちに東山が借景となります。残念ながら、樹々が高く茂り庭からは、永観堂や金戒光明寺を見ることはできませんでしたが、洋館の二階からは、庭越しに借景が望めるのではないでしょうか。

世界貢献のために京都賞を立ち上げ、その受賞者を迎えるために、和輪庵は京セラ迎賓館として、おもてなしの場所となりました。海外から訪れた受賞者は、紅葉の美しい庭の景色に目を奪われることでしょう。利他の心に立つ稲盛は、この庭園の素晴らしさをおもてなしの場所として最大限に活用しているのだと思います。

column

庭園史における最重要作庭家とその名庭

七代目小川治兵衛《おがわじへえ》（1860年〜1933年）と無鄰菴《むりんあん》（京都）

明治中期に山県有朋《やまがたありとも》の依頼を受けて、
作庭した無鄰菴が日本庭園史の流れを変えた。
西洋文明を取り入れたおもてなしの庭とは……、
静穏な中、水の流れる音がそっと語りかける。

植治七代目小川治兵衛

1860年、山城国・神足村《こうたりむら》（現在の長岡京市）で、山本藤五郎の次男として生まれます。郡から選ばれて学問の道に進むこともできましたが、自分に向いていると17歳のときに、小川家に養子に入ります。小川家は江戸中期から続く植木屋で、屋号は「植治《うえじ》」でした。

小川家に入りましたが、ほどなく養父が他界、19歳の若さで七代目小川治兵衛を襲名します。しかし、師はおらず、独学で作庭法を学ぶことになります。本人が語ったところによると、最初は普通の植木職人だったようです。

――初めは園藝の稽古も、やはり天地人とか五行とかいふことを正直に学んでやつて居り、また三十四五まではやはり樹へ昇つてチョキンチョキンとやつて居りました。――（『植治七代目　小川治兵衛』白幡洋三郎監修より）

転機は、小川治兵衛34歳のとき。並河靖之《なみかわやすゆき》に庭造りを依頼されたことでした。施主・並河は宮家に仕えるかたわら、有線七宝《ゆうせんしっぽう》業を始めていました。欧米で高い評価を得ていた並河のもとには外国から賓客も訪れていました。七宝制作のための施設の空いた場所にと、隣家に住んでいた小川治兵衛に庭造りを依頼したのです。

広い庭を手掛けるのは初めてでしたが、並河の意向を受けながらも大胆なプランを考えます。七宝制作用に引き込んだ疏水を庭園の池にも使い、軒下まで池が入り込むような仕掛けです。こうすることで、室内にいると、まるで船の中にいるような感覚になります。

並河邸が個人邸宅に疏水を用いた最初の例となりました。池の周囲にはたくさんの樹木を植え、樹種で高低差を決め立体感や遠近感をつけるという工夫もされました。沢飛石など大胆で優美な石使いも、その後の七代目小川治兵衛の庭の特色になっていきます。

しかし、この段階ではまだ、近世の寺院庭園の基本を踏襲しています。二階建ての母屋の南西側に池が張り出し、東側の木立越しに借景として東山が望めます。池には中島や岩島、南岸の山手には青石の立石がそびえ立ちます。

この庭を機会に治兵衛の技量の高さが認められ、法然院や実業家・久原《くはら》庄三郎邸で仕事を行います。久原の紹介により明治の政治家・元老の山縣有朋と運命的な出会いをし、無鄰菴の庭を造ることになり、やがて、庭園造りにおいて「水と石の魔術師」とまで言われるようになっていくのです。

山縣有朋と無鄰菴

山縣有朋（1838年~1922年）は萩の城下で、下級武士の子として生まれます。松下村塾で吉田松陰より学びました。高杉晋作とともに山縣は奇兵隊軍監として倒幕運動に参加。明治維新後は、徴兵制を採用しました。二度にわたり内閣総理大臣となり、晩年は元勲となりました。無鄰菴の中に建てられた洋館は、1903年に、山縣有朋、伊藤博文、桂太郎、小村寿太郎によって、日露開戦直前の外交方針を検討する「無鄰菴会議」が開かれ、歴史的に重要な場所となりました。

山縣は、まず木屋町二条にある角倉了以《すみのくらりょうい》の旧宅を別荘とし、1892年「無鄰菴」と命名しますが、東山・南禅寺近くの場所に新たな「無鄰菴」を着工させます。主屋は簡素な木造二階建てです。武家茶道・薮内流の燕庵《えんなん》を模した茶室を庭に移築し、1897年に洋館を増設しました。

山縣が久原庄三郎と同じ長州藩出身であったことから、小川治兵衛が山縣有朋に紹介されます。着工当時、日清戦争により山縣が清国に出征していたので、工事の監督は久原が行いました。

無鄰菴の造園について、のちに山縣が語ったことが、美術評論家・黒田天外によって記録されています。

――「この庭園の主山は東山であり、山麓にあるこの庭園では、滝も水も東山から出てきたようなデザインにする必要があり、石の配置、樹木の配植も自ずと決まってくる」、「滝の岩の間に歯朶《シダ》を植え、躑躅《ツツジ》を岩に付着するように植える。地被としては、苔ではなく芝を用いる。樅《もみ》を用いるとともに、杉・楓《カエデ》・葉桜を植栽の中心とする」、「山村を流れる川のイメージで、池ではなく流れの庭とする」(『植治　七代目小川治兵衛』白幡洋三郎監修より)――

山縣が自分なりに庭造りのコンセプトをしっかり持っていたこと、西洋文明に圧倒された明治政府の重鎮として、庭園にもこれまでの慣習を取り払って、西洋のテイストを入れたかったことがわかります。写実的な風景の美しい庭を造りたかったのでしょう。イギリスの自然式庭園（ナチュラルガーデン）を取り入れたかったのではという解釈もあります。

前出『植治 七代目小川治兵衛』の中で、黒田天外が治兵衛にも無鄰菴の庭造りのことを聞いている箇所があり、治兵衛は、依頼を受けた当初の戸惑いを言葉にしています。要約しますと、庭園にモミを使う前例がなかったにもかかわらず、山縣有朋から五尺くらいのモミの木を50本植えなさいと指示され、驚いたこと。また、ドウダン、柊、南天などを使うようにとも言われたそうです。

――京都のそれまでの伝統的な造園手法のなかで生きてきた植治にとって、山縣の主張する庭園デザインは、やはり異質なものであった。山縣の述懐として、「石組みには陰石・陽石・五石・七石など様々な法則がある」と植治が主張したことや、岩と岩の間にシダを植えたりモミを群植したりといった山縣の指示に、植治が初めは驚いたことなどが記されている。しかし、植治は山縣の好尚とそれに基づく庭園デザインを理解し、蓄えてきた庭師としての技量によってそれに応える。その背景には、植治の生来の頭の良さとともに、伊集院兼常や久原など、それまで接する機会のあった新興有産階級に属する人々からそうした好尚の一端を伝え聞いていたことがあったのかもしれない。——（前出『植治　七代目小川治兵衛』より）

治兵衛の職人としての技量の深さと、施主の好みを理解する判断力、そしてそれを超えた天性のデザイン力が、無鄰菴とともに花開いたときでありました。

水辺を渡るのに、橋ではなく沢飛び石を効果的に使ったり、鞍馬石や貴船石といった有名な産地の石ではなく、縞模様が特徴で趣がある「守山石」を使ったり、琵琶湖から疏水を引き込んで滝や池を配したりと、様々な創意工夫をしました。

現在、無鄰菴の指定管理者である植彌加藤造園の加藤友規社長は、昔の文献を調べ、造営の経緯と施主の意図を、現代の必要性と照らし合わせた育成管理を行っています。山縣有明が特に愛着を持っていた庭園内でひときわ大きな景石についてのエピソードを教えて頂きました。

——其頃、公は醍醐の山に至り、非常な巨石があるのを見て、之を庭石としたならばよからうと云はれたが、その時の案内者が、往昔豊太閤が大阪城を築く時に、之邊から石を集めたけれど、此石は餘り重くて取り殘されたのだと云ふことを話すと、公は太閤に縁のある石ならば、尚ほ面白いと云ふて、無隣菴まで之を挽いて來ることにした。それを挽くのに牛二十四頭を以てしたので、道路がめり込んで非常に困難したが、其頃は未だ電車も餘り通じてゐなかつたから、無理やりに運んで來て之を庭に引込んだのである。此石は一萬貫の目方があるさうであるが、現に無隣菴の主人公のやうに爲つてゐる。――（『公爵山縣有朋傳下巻』徳猪一郎編述より）

山縣は、秀吉ゆかりの巨石を牛二十四頭を使い、醍醐から引っ張ってきたのです。醍醐の山に秀吉の取りこぼした岩がゴロゴロしていて、中には刀痕が残っているものもあったようです。次のように山縣が天外に述べたと記されています。

――此石は親ら醍醐の山へ行て切出さしたのであるが、豐公が庭を作る時に切出さうとして、遣ひ殘りになつた石がそこ、こに磊（ゴロ、〵）してゐて、中には其刄痕が殘つてあるものがある、妙ぢやないか喃。――（『續江湖快心録』黒田譲（天外）より）

山縣は、無鄰菴に三段の滝を造らせていますが、これは豊臣秀吉による醍醐寺三宝院の三段の滝の写しと言われています。月日が経つうちに、三宝院の滝の合間からは、自然に歯朶《しだ》が生えてきました。山縣はこの風景を無鄰菴に取り入れたくて、治兵衛に歯朶を植えるよう促したのかもしれません。

後に治兵衛が作庭する平安神宮には、飛び石として秀吉が建てた五条大橋と三条大橋の橋柱が使われています。明治天皇が、御陵として望んだ場所も、秀吉築城の伏見城跡地でした。明治天皇は豊臣秀吉を、「天下統一を果たしたが、幕府を作らず天皇を尊重した人物」と再評価しています。明治天皇をはじめ新政府の人々が秀吉ゆかりのものを尊重したのは、反徳川的な要素があったのではと私は感じています。

無鄰菴の庭園の景色

無鄰菴は小さな門をくぐると、明るい空間が開けます。手前左側には、数寄屋造りの二階建ての木造家屋があり、庭の景色が堪能できるよう窓が大きくとられています。その眼前には、芝生のオープンスペースが広がっており、ここで山縣主催の園遊会が開かれました。

無鄰菴のパンフレットに、庭の図面が記されています。驚くことに、東に長く延びる三角形の敷地だということがわかります。でも、実際に庭に立つと、植栽の高さによって、庭は丸く広く感じるようになっています。そして、主屋からまっすぐ先の方には、東山の借景が見えます。周りの木々の高さを調整して剪定され、借景がよりよく見えるように工夫されています。

スペース的にもそうです。芝生地から奥にある三段の滝へは、立石も植栽もほとんどなく、低く据えた石や低く剪定されたサツキが地面に這うように続きます。秀吉ゆかりの「巨石」は北側、「矢穴石」は南側に配置され、視野を妨げないようにしています。これは、山縣の指示だったそうです。『続江湖快心録』で山縣が言っていたことを要約すると、「この庭の主山はあくまで眼前にそびえ立つ東山で、庭園は東山の根元に位置するので、滝も水も山から流れてきたものとして、石の配置、樹木の植え方も、東山を中心に割り出していかなければいけない」。無鄰菴庭園のメインは借景の東山、つまりこの庭は「借景庭園」なのです。

私が注目するのは、水の流れです。木造建築の母屋の真横あたりに、浅い川が流れています。ここに石を一直線に並べ、水を一段落とす瀬落ちがあります。絶妙な石の配置により、目を閉じて耳を澄ますと効果音としての水の流れが美しく響きます。

瀬落ちは、庭の上方部にも造られています。庭園の東から西への緩い勾配をうまく利用して、水が滝—池—川へと流れています。一部水幅が広がったところは池の趣となり、紅葉が水面に映ります。池の手前には小石をちりばめた洲浜もあります。

瀬落ちの脇をさらに進むと、浅いのですが水の流れの速い部分があり、そこにやや大きめの石を置くことで、水の流れを変え、さらに心地よい効果音を生み出しています。手入れの行き届いた苔を眺めながらさらさらに進むと、森の中にいるような鬱蒼とした木立ちとなります。そして、沢飛び石を渡って、三段の滝に。水際には、空気を浄化する役目もある石菖《せきしょう》が植えられています。

庭の小道を散歩し、また木造家屋へと戻る際に石碑の手前を左手に折れると、燕庵を模した茶室の露地に入ります。昔は、この茶室から比叡山が見えたそうですが、今はその茶室の少し手前、秀吉ゆかりの石のあたりから北のほうを見ると、透かした木々の合間から比叡山が見えるようになっています。

植彌加藤造園が施主・山懸有明が存命のころの庭園を古写真で確認し、現在の庭の姿の中で無理のないようにかつての景色を再現したそうです。比叡山が茶室からは見えないけれど、往時の様子を感じていただくための工夫だとのこと。その近くの秀吉ゆかりの石は、醍醐から山縣有朋が牛を使って引いてきた石です。切石に入れるノミ跡が見受けられ、山縣が面白がった石だったということがわかります。

道は洋館へと続き、庭をぐるりと一周したことになります。

木造家屋には、建物の真ん中あたりに坪庭が設えられています。伝統的な坪庭ではなく、石を低く置き、中央に植えられた「四方竹」が、光に向かって上に伸びています。坪庭も自然の姿を意識した新しい装いになっています。

無鄰菴は、「水」「石」「植栽」を巧みに統合させた「モダン」と「伝統」と「自然」が混合する場所のような気がします。木造家屋の前に広がる芝生地の役目としてもわかるように、客を迎える「おもてなしのために造られた庭」でした。無鄰菴は1941年に京都市に寄贈され、1951年に国の名勝に指定されます。

おもてなしの庭は、植彌加藤造園が指定管理者となってから、日本庭園の分かりやすい解説や、心地よく庭を感じられるサービスを続けて行っています。庭の美しさは評判が評判を生み、世界からお客様を迎え、訪れた人々を魅了し、もてなしてくれています。

平安神宮と植治の独特なデザイン

治兵衛は、無鄰菴の庭園造りに成功したおかげで、以後、多くの依頼を受けます。代表作となる平安神宮神苑もその一つです。平安奠都《てんと》1100年記念祭に合わせて第4回内国勧業博覧会とともに、その中心的事業となった平安宮大極殿の8分の5に縮小した紀念殿の造営が行われました。今の平安神宮拝殿です。建物の背後を取り巻く庭園築造の依頼が、1894年頃に治兵衛に舞い込みました。

平安神宮の西神苑と中神苑は、池水の水源を琵琶湖疏水として造営されました。治兵衛は、伏見城の遺構と考えられる庭園跡の庭石の払い下げを願い出ています。少ない予算と限られた工期で大変な仕事でありましたが、治兵衛は見事にやりのけます。

池と池を結ぶ川は浅く、石を散りばめることで流れを微妙に変えながら、音を楽しむ工夫があり、治兵衛ならではの個性が表れています。植栽は美しく、楼閣のシンボルにもなっている西の「白虎」池と東の「蒼龍」池を西神苑と中神苑に造りました。特に蒼龍池には、五条大橋と三条大橋の橋柱を池の中の飛び石に使い、龍の背を表しました。

また、平安神宮の東神苑も1916年に完成しました。春から夏にかけては枝垂れ桜から、カキツバタや花菖蒲などの花々を、秋は紅葉、冬は雪と、季節感の感じられる庭園を実現しました。

この成功により治兵衛は、帝国京都博物館、京都府庁、円山公園改良といった公共機関の造園にも携わります。

東山界隈の別荘群

明治維新に伴う遷都後の京都が落ちぶれないように、都市開発がはじまります。その一端に、琵琶湖疏水がありました。琵琶湖から水を引き、船運、発電、上水道、灌漑を目的として、第一疏水は1885年に着工、1912年に完成しました。この琵琶湖疏水のおかげで、東山の地には豊富な水源ができました。

また廃仏毀釈の影響で、南禅寺が界隈の土地を手放したこともあり、一帯が別荘地と化すことになります。

七代目小川治兵衛は、和楽庵（現・何有荘《かいうそう》）や對龍山荘《たいりゅうさんそう》、野村碧雲荘《のむらへきうんそう》、住友有芳園《すみともゆうほうえん》など、経済界の人々の別荘地の庭園造りを請け負っています。自然の美しい風景を、水と石と植栽で表現し、〝歩く〟、〝座す〟、などあらゆる目線も考慮、綿密に計算し設計しています。また、視覚だけでなく音や香りなど「五感で楽しめる庭園」を治兵衛は目指していたのでしょう。そこには、仏教的なバックグランドはなく、純粋に人をもてなし楽しませる庭がありました。

第四章　美意識の追求

東福寺方丈（京都）

第四章は、「美意識の追求」として、四人の成功者と一人の作庭家を選びました。美意識を高めるアートとして庭を観賞するのは、日本では比較的新しい感覚です。「庭園」＝「アート」というのは、昭和の時代からではないかと思われます。

一人目は、ノーベル文学賞を取った川端康成です。小説の中で、風景描写や主人公達の会話を通して、巧みに京都の庭を紹介しています。彼自身、美術品が大好きでした。画家の東山魁夷《かいい》に「京都を描くなら今のうちですよ」と促したことから、祇王寺の庭を描いた「行く春」（１９６８年）が生まれました。川端康成と東山魁夷の間の、手紙のやりとりの様子が本になっています。東山魁夷が、尊敬する川端康成を失くしたときの悲しみを文章にしているのが、とても印象的でした。

二人目は、エリザベス女王二世です。エリザベス女王二世がどうやって龍安寺を知り得たか、その龍安寺を観てどう思ったのか、何も資料は残っていませんでした。見つかったのは、フィリップ殿下と隣り合わせで椅子に座って、龍安寺の石庭を観ている姿の写真だけでした。しかし、このことがきっかけで、龍安寺は世界的に最も有名なドライガーデンになります。海外の方の美意識によって再評価されたような龍安寺の石庭ですが、実は謎がいっぱいでミステリアス、そして高度な枯山水の庭園なのです。

三人目は、最近亡くなったデヴィッド・ボウイです。彼が涙した正伝寺は、京都市内でも北のほうに位置しています。アクセスが悪いので、ガイドとして観光客をお連れする機会はありませんでしたが、先日正伝寺を訪れたときは、外国人のグループがいました。わざわざここまで足を延ばしたということは、デヴィッド・ボウイが、この庭を好んでいたことを知っていたのではないかと思います。デヴィッド・ボウイは、美への探究心を持っていました。上辺だけでなく、その奥に秘めた真を見出す力があったようです。

四人目は、建築家の安藤忠雄です。安藤忠雄の庭というと、あまりイメージが湧かないかもしれません。淡路島に造られた本福寺の庭は、安藤忠雄のトレードマークであるコンクリートで造られています。しかし、地下の本堂には、西日に光る浄土の世界が隠れています。安藤忠雄の常識を破るコンセプトが、現代の美を表現しています。

最後は作庭家の重森三玲です。重森三玲の美の原点は、伝統的な庭造りです。日本各地の庭園を測量して、『日本庭園史図鑑』（全28巻）にまとめました。日本庭園を維持するにあたって大変貴重な記録です。伝統的な庭を念頭に修復し、また、自身でも作庭を手がけました。重森三玲による庭園は、今までになかった手法や意匠が施され、それがデザインの美しさとして評価されています。

江戸時代、18世紀終わりに、秋里籬島《あきさとりとう》が書いた『都林泉名勝図会《みやこりんせんめいしょうずえ》』という京都の庭園を図絵で紹介する案内書があります。この記録によって、江戸時代に京都の庭がどのような状態だったのかを把握することができます。例えば、銀閣寺の庭園にある「向月台」は、砂を富士山のように高く盛り上げたものですが、江戸時代は今の半分ぐらいの高さでした。先日、向月台が修復されているのを見る機会を得ました。木製の道具で砂と水だけで押し固める、昔ながらの手法が使われていました。

美の追求というのは普遍的なことで、人の人生をも変えてしまいます。また、庭という芸術を通して、培われた美意識が、世界の人々の心を響かせます。そこに国境はありません。庭には、自然を使って三次元空間を造り上げた特殊な美が存在します。さらにその奥には、仏教や禅の思想があるのです。日本庭園は、歴史、伝統、文化、宗教、美術、哲学、あらゆる面において、大変貴重な日本独自の遺産なのです。

一方で、伝統が歴史に洗われ新しいものを生み出し、モダンな世界を作ります。そしてまた新たな伝統を生むのです。パリにエッフェル塔が作られた当初、景観を崩すと批判されました。しかしやがて、パリのシンボルとなり、今やエッフェル塔の美しいフォルムは、世界各地から訪れる人を立ち止まらせ、くぎ付けにしています。

重森三玲作の東福寺方丈のモダンな意匠は、出来上がった当時は賛否両論がありました。月日が経つにつれ、昭和を代表する枯山水として、多くの人から絶賛されています。

川端康成（1899年〜1972年）と祇王寺《ぎおうじ》（京都）

川端康成の小説に登場する祇王寺は、
画家・東山魁夷もまた描くこととなる。
祇王寺を通して見る、康成が魁夷に抱いた友情、
そして康成の追求する美の姿。

川端康成の人生

川端康成は1899年に大阪で生まれますが、開業医であった父と母を早くに亡くします。両親の死後、母方の祖父母の暮らす三島郡豊川村大字宿久庄字東村に移ります。康成の祖父は「習描帳」を残すような趣味人でもありました。

小学校に入ると祖母、姉、そして中学3年になると祖父を、相次いで亡くし孤児になってしまいます。旧家である母の実家に引き取られ、親戚の世話になりながら茨城中学校、旧制第一高等学校、東京帝国大学へと進学していきます。

康成の将来の夢は祖父の影響より、大政治家から、大画家、そして大文豪家へと変わっていきました。康成は随筆『嘘と逆（自己を語る）』で書いています。

――祖父以外の肉親の顔も覚えず。一つの血統が滅びやうとする最後の月光の如き花で、僕はあるらし。――

また、随筆『末期の眼』のなかではこうも書いています。

――旧家の代々の芸術的教養が伝はつて、作家を生むとも考へられるが、また一方、旧家などの血はたいてい病み弱まってゐるものだから、残燭の焔のやうに、滅びようとする血がいまはの果てに燃え上つたのが、作家とも見られる。既に悲劇である。――

康成は、横光利一らと「新感覚派運動」を展開します。そして、独自の美的世界を築き上げ、代表作となる『伊豆の踊子』『雪国』『千羽鶴』『山の音』などを発表します。
また、戦時中に以下のことを記しています。

――人工の光を失い、自然の闇の中にいる鎌倉の小山の道を歩き、冷たい冬の月光を浴びながら、〈古い日本が私を流れて通〉っていくのを感じ、〈私の生命は自分一人のものではない。日本の美の伝統のために生きやうと考へ〉たのです。――（『川端康成と東山魁夷　響きあう美の世界』川端香男里、東山すみ監修より）

川端康成は、1961年に文化勲章を、次いで1968年にノーベル文学賞を受賞します。ノーベル賞対象作品は『雪国』『千羽鶴』『古都』、そして短編『水月』『ほくろの手紙』などでした。授賞理由は、「日本人の心の精髄を、優れた感受性を持って表現するその叙述の巧みさ」でした。康成はそのとき「日本の伝統のおかげ」とも語ったそうです。

康成は、京都に滞在して京都を舞台にした作品をいくつか残しています。代表作は『古都』。小さいときに生き別れになった双子の女性の話ですが、北山杉の里中川や、清水寺、錦市場、仁和寺、上七軒などが舞台になり、祇園祭、葵祭、大文字、北野踊など京都の行事も著されています。また、嵯峨野の美味しい豆腐屋「森嘉《もりか》」のことも記されています。『美しさと哀しみと』や『虹いくたび』でも京都の描写が見られます。『美しさと哀しみと』では、けい子と太一郎が嵯峨野の藤原定家ゆかりの二尊院を訪ねてから、「二人は角倉家の墓の前を通つて山をおりると、祇王寺へ行った。そこから引きかへして、嵐山までゆつくり歩いた」そして、吉兆で昼の食事をしたと続きます。

「ノーベル文学賞」という世界的な賞まで受けて、全てが順風な晩年かと思われましたが、弟子として書簡のやりとりも頻繁だった三島由紀夫が、１９７０年、45歳で割腹自決をしました。一報を聞いた康成は、啞然とし憔悴しきった面持ちで、「もったいない死に方をしたものです」とコメントしました。

そんな康成も、そのたった2年後の１９７２年に、神奈川県逗子市の海に近いマンションで、布団の中にガス栓を入れて、睡眠薬を飲み、眠ったように自殺しました。72歳のときです。自殺の原因は謎とされています。

川端康成と東山魁夷の関係

康成と祇王寺を語る上で、もう一人、大切な人物を紹介しなくてはなりません。画家の東山魁夷（１９０８年〜１９９９年）です。康成は晩年、東山魁夷とともに仕事をしながら友情を温めていきます。

父や祖父が絵の趣味を持っていたため、康成も一度は画家を目指しました。また、横浜出身の東山魁夷は、３歳で神戸に転居。兵庫県立第二神戸中学校のときから画家を目指し、東京美術学校へ。卒業後は、ベルリン大学に入学、１９４０年に結婚、１９４５年に兵役につき熊本で終戦を迎えます。

敗戦の年、魁夷は母を亡くしますが、兄を１９２９年に、父を１９４２年に、そして唯一の身内となった弟も１９４６年に亡くしています。若いときに身内全てを失うこととなり、芸術家であること、身寄りがないことなど、共鳴する背景が二人の間にはありました。魁夷は、康成の『虹いくたび』の装幀を手掛け、新潮社の共通の知人を介して出会います。

康成はマメに手紙を書く人でした。三島由紀夫との往復書簡はよく知られています。それに次ぐ書簡のやりとりが、9歳年下の魁夷との間にあり、100通以上が現存しています。

魁夷が、康成の作品の表紙や挿絵を描いたり、また魁夷の個展や作品集に対して、康成が序文を書くなどの仕事を通して信頼関係を築き上げ、お互いの才能を信頼し美意識を共有する関係が出来上がりました。

「京都は今描いておいていただかないとなくなります。京都のあるうちに描いておいてください」康成のこの言葉が、魁夷が京都風景の連作を描くきっかけとなりました。

結果、『京洛四季』という画集が新潮社から出版されることが決まります。ちょうど、康成にノーベル文学賞受賞の知らせがあった頃でした。康成はストックホルムの授章式に行く前に、仕事を断り、京都に来て序文を書いています。どんなに忙しくても、魁夷のために時間を空け、わざわざ京都に来て書くというのは、よくよくの関係だったのだと思います。

康成が自殺した後、魁夷が追悼文を寄せています。題は「星離《わか》れ行き」です。魁夷はこう語っています。

——川端先生について語る人は、必ず美の問題に触れないわけにはゆかない。飽くなき美の追求者であり、美の猟人と誰もが云う。あの鋭い眼光の凝視に堪え得る美は、実際には、なかなか在り得ないはずであるが、先生は美を見据えるばかりでなく、美を愛された。美は、先生の憩いでもあり、悦びであり、恢復であり、いのちの反映であったと思われる。（中略）先生との長く親しい交際が結ばれたのは、私が美に触れてのこと以外は、ほとんど、話し合わなかったことにもよるのであろう。また、美に触れること以外に、私に話題があるはずもない。美に繋がって、先生と生き得たのは、なんと仕合わせであったことか。——（前出『川端康成と東山魁夷　響きあう美の世界』より）

長い追悼文の最後には、——天草で先生に便りを書いていた時刻、あの星を見た時が、先生の死の時刻であった——とし、——天草灘の夕べの空と海の色、西方に輝いた星の光を、私は生涯忘れることがないであろう。時が経つにつれて、それが先生の魂から発した光芒ではなかったかと、ますます強く思うようになりそうである。——と記しました。

祇王寺の庭を入ったところに、祇王寺の苔の上に散った桜の花びらを表現した東山魁夷の「行く春」の写真が飾られています。１９６８年の作品で『京洛四季』に収められています。その横に、魁夷とすみ夫人に康成が微笑みながら語りかけている写真が並んでいました。

「行く春」に描かれた苔に散った桜は、祇王の妹の名前が付いていて、「祇女桜《ぎじょざくら》」と言いますが、今は切り株だけが残っています。

祇王寺の庭園

康成は、『嵯峨と淀川堤』の中で記しています。

――京都の郊外は美しいところが多い。とりわけ嵯峨の静かな寂びが私は最も好きである。祇王寺のなかなぞは、静けさの音が降つてゐる。その寺から嵐山のほとときす亭へ出る裏道がいい。深山の静かさとは全くちがつた静かさである。――（『今、ふたたびの京都』東山魁夷　川端康成著より）

祇王寺は、平安時代法然上人の弟子・念仏坊良鎮《りょうちん》が往生院《おうじょういん》を創建したのが始めです。のちに、祇王が隠棲《いんせい》したので祇王寺と呼ばれるようになったそうです。

『平家物語』によると、平清盛の寵愛を受けた白拍子の祇王のもとへ、仏御前《ほとけごぜん》が踊りを舞いたいと申し出ます。祇王に促された清盛が仏御前の舞を見て、彼女に気移りし、祇王は清盛のもとを去ります。祇王は、「萌え出づるも　枯れるも同じ　野辺の草　いづれか秋に　あはではつべき」と障子に書き残しました。

祇王は仏御前の前で舞を踊るよう清盛に命じられ、21歳の年に髪を剃り、母・刀自、妹・祇女とともに仏門に入ります。やがて母娘三人が念仏しているときに、仏御前が訪ねて来ます。祇王が残した障子の歌を目にし、祇王の不幸を思い無情を感じたと、わずか17歳にして剃髪して尼になり、この寺に一緒に住むことになったという話です。

祇王寺は明治初期に廃寺になりましたが、残された墓と仏像は、大覚寺によって保管されていました。元京都府知事・北垣国道が、この祇王の話を聞き、１８９５年に嵯峨にあった別荘一棟を寄付しました。こうして祇王寺は、現在の地に再興されました。真言宗大覚寺派の寺院で、旧嵯峨御所大覚寺の塔頭寺院ともなっています。

階段を山の方へと上り、門をくぐると広がる庭には、モミジ、その背後に竹林、そして一本だけ残っている桜が望めます。地面に目を移すと、凸凹の地形に面白いように色々な種類の苔がはびこっています。藁葺き屋根の簡素な寺は、中心に大日如来の仏像、その両側に清盛、祇王、刀自、祇女、仏御前の像が納められています。建物の控えの間には、竹で編んだ丸い吉野窓があり、紅葉の頃、障子に光が七色に映ることから「虹の窓」とも称されています。

前衛的で完成された美を感じる祇王寺の庭は、明治期に造られたものだと言われています。祇王寺は、画家の富岡鉄斎らの尽力で再興されました。比叡山の麓にある、圓光寺《えんこうじ》の十牛之庭にこの庭との共通点を感じます。杉苔を配した庭に牛の形の石を数個置き、その上にはモミジの幹が中心を支配し、葉が生い茂っています。寺の中には富岡鉄斎が描いた襖絵の山水画があります。祇王寺と圓光寺、双方の庭に富岡鉄斎が強く影響していたのではと感じられます。

祇王寺の庭のさらなる魅力は、季節の移り変わりに応じて、芍薬《しゃくやく》や嵯峨菊をはじめ、色々な花や山野草を育てていることです。毎日、苔の上の落ち葉を掃き、日々、細やかに庭の手入れを行うことが、完成された美に繋がることを証明しています。

静寂の中に、流れる水の音と鳥の声、そして風を受ける竹のそよぎ。苔に映るモミジ越しの木漏れ日。五感に訴えかける美は、川端康成だけではなく訪れるすべての人を魅了します。

川端康成と日本の美

魁夷が書いた川端康成の追悼文で、康成がノーベル賞受賞の記念講演としてストックホルムで語った内容について言及しています。

――ストックホルムで語られた「美しい日本の私」は、「春は花夏ほととぎす秋は月冬雪さえて冷しかりけり」という、道元禅師の歌と、「雲を出でて我にともなふ冬の月風や身にしむ雪冷たき」の、明恵上人の歌を最初に置いて、日本の美について語っていられるが、（中略）禅や墨絵、作庭、活け花、陶器、さらに平安から鎌倉へかけての古典文学に触れ、日本の美を説かれた後で、「日本、あるひは東洋の『虚空』、無はここにも言ひあてられてゐます。私の作品を虚無と言ふ評家がありますが、西洋流のニヒリズムといふ言葉はあてはまりません。心の根本がちがふと思つてゐます。道元の四季の歌も『本来の面目』と題されてをりますが、四季の美を歌ひながら、実は強く禅に通じたものでせう。」と結ばれている。――（前出『川端康成と東山魁夷　響きあう美の世界』

より）

日本の美は、四季や自然の中にあり、その中心は虚空、禅の精神に通じる精神性の深いものが根幹にあることを説いているのではと思います。

川端作品の中に、芥川龍之介の遺書の引用があり、その後に川端は、**——修行僧の「氷のやうに透み渡った」世界には、線香の燃える音が家の焼けるやうに聞え、この灰の落ちる音が落雷のやうに聞こえたところで、それはまことであろう。あらゆる芸術の極意は、この「末期の眼」であろう。——（前出『川端康成と東山魁夷　響きあう美の世界』より）**と続けています。

川端康成は鋭い眼差しの奥で美を見極めようとつねに目を見開いていました。そのことがもし彼を死に追いやったとしたら、美というものは、庭の静寂とともに、恐ろしいものなのかもしれないと感じます。

エリザベス女王二世（1926年～）と龍安寺《りょうあんじ》（京都）

エリザベス女王二世が絶賛し世界的に有名になった、最もミステリアスな龍安寺の枯山水。シンプルな石の配置の中に数字や幾何学が存在する。イギリス女王を魅了した理由を紐解く。

エリザベス女王二世の半生

エリザベス女王二世は、ヨーク公（後のジョージ六世）の長女として生まれました。1936年、父が国王に即位したときに、第一位王位継承者となりました。

彼女は、リリベットの愛称で、祖父のジョージ五世に大変可愛がられたそうです。父親のジョージ六世は即位後、六年にわたる戦争で心身ともに憔悴しきっていました。戦後、追い打ちをかけるように、植民地の独立問題などを抱え、とうとう病に冒されてしまいます。

病身の国王に代わって帝国を回る役割を、20歳のリリベットが担ったのです。生涯で長きにわたる外交人生がスタートしたときでした。1947年、エリザベス王女は、ギリシャ王室に生まれたフィリップ殿下と結婚し、1948年に長男のチャールズ、1950年には長女のアンを出産します。1951年から、コモンウェルス（イギリス連邦）の各地を回ります。

1952年にエリザベス王女夫妻は、東アフリカ歴訪の旅に立ちましたが、これが空港まで送りにきたジョージ六世との最後の別れとなってしまいました。エリザベス王女は25歳のとき、ノルマン征服（1066年）のウィリアム一世から数えて、ちょうど40人目の君主に即位しました。そして、1953年6月2日にウェストミンスター寺院で戴冠式を迎えます。「女王の時代にこの国は栄える」と歴史が示すように、エリザベス女王一世（1533〜1603年）、ヴィクトリア女王（1819〜1901年）の時代にイギリスは繁栄していたので、国民の期待は大きなものでした。

２０１７年2月6日、90歳のエリザベス女王二世は、１９５２年の即位から在位65年を迎えました。英国の歴代君主として最長記録を更新中です。また、世界で最も長期間在位している存命中の君主です。訪問した国は、１１９カ国２６０回を数えます。外交のエキスパートと言っても過言ではありません。

イギリスでは、エリザベス女王二世が担ってきた王室外交の重要性をかんがみ、今でも王室維持に賛同する声が高いそうです。エリザベス女王二世は、国民に支持され愛されています。

イギリス連邦

イギリスの正式名称は、「グレート・ブリテン及び北アイルランド連合王国」で、イングランド、スコットランド、ウェールズ、北アイルランドから成り立っています。英語では「ユナイテッド・キングダム」略してU.K.と言います。

また、エリザベス女王二世は、カナダ、オーストラリア、ニュージーランドなど世界に広がる他の15カ国の国家元首でもあります。この15カ国に加え、インド、パキスタン、南アフリカといった大統領を有する共和国や、トンガ、マレーシア、ブルネイ、エスワティニの王国など元イギリスの植民地だった国々から構成される、コモンウェルス（イギリス連邦）があります。53カ国からなるコモンウェルスは、共通の利益や目的を持った人々の緩やかな連合体であり、総人口は20億人を超えています。

日本訪問と龍安寺

１９７５年、５月エリザベス女王二世はイギリスの元首として、初めて日本を訪問しました。まだ昭和の時代に、エリザベス女王二世夫妻は国賓として日本にやって来ました。皇居で天皇陛下と会われたときに、皇居南庭で、「日本の方達は庭造りがお上手ですね」と語られたそうです。

京都では、御所、桂離宮、そして龍安寺を訪ねました。そのあと、伊勢神宮も参拝しましたが、当時、反対の声もあったそうで、女王はそっと拝殿への道を辿ったそうです。日英親善の目的を果たし、６日間を日本で過ごしました。

なかでも、龍安寺の石庭を絶賛されたことをＢＢＣが報じ、世界的に有名なロックガーデンとして、龍安寺が脚光を浴びることになります。

エリザベス女王二世は、バッキンガム宮殿をはじめ、ウィンザー城、スコットランドにホリールード宮殿、バルモラル城、クリスマスシーズンを過ごすサンドリンガムハウス、アイルランドにヒルズバラ城と、6つの城、宮殿、私邸を持っています。もちろん、城の中には美しいガーデンがあるでしょう。

西欧のガーデン史の中に、イギリス式庭園があります。18世紀に確立されましたが、シンメトリックな幾何学的庭園構成とは違った美しい自然風景が庭園の中に造り出されたものです。林や芝生などの風景が庭園の中に表現され、「イギリス風景式庭園」とも言われています。

龍安寺は、石庭に入る前に鏡容池《きょうようち》が広がります。細川勝元が1450年に龍安寺を創建する前、平安時代は徳大寺家の山荘でした。池に舟を浮かべて優雅なひとときを満喫していたのではないかと言われています。この鏡容池を中心にした池泉式庭園は、イギリス風景式庭園にコンセプトがとても似ています。

夏には、鏡容池の水面一面に美しい睡蓮が咲きほこります。この風景はフランスのジベルニーにあるモネの庭にすごく似ているなと私は思っていました。モネの絵「睡蓮」で有名な庭ですが、モネがこの龍安寺の鏡容池の様子を絵か写真で見たのではないかと想像してしまうほどです。江戸時代に描かれた「都林泉名勝図会」に鏡容池の図がありますが、睡蓮のような浮き草が描かれています。

しかし、エリザベス女王二世が絶賛したのは、この風景式庭園ではなく、石庭（ロックガーデン）のほうです。そのときの様子を写真で知ることができます。エリザベス女王二世夫妻が方丈前の縁側に用意された二脚の椅子に座って、庭をご覧になっている姿です。その表情は真剣そのものでした。

カメラマンのポジションを考えると、お膳立てされた龍安寺訪問だったのかとも思いますが、ヨーロッパの方を龍安寺に案内したときに、「どうしてエリザベス女王二世は、石庭を絶賛されたのでしょうね」と聞いたことがありました。

ある方のお返事に納得しました。それは日本人の見立ての美です。白い砂利を水と喩えて、砂利の中に配置されている岩を眺めながら、水の流れを感じとる。その「見立て力」という美意識は日本人独自のものだと指摘されました。そして、シンプリシティ（単純さ）と石の配置の絶妙なバランス感覚。

龍安寺の枯山水は、他に比べて群を抜いて完成度が高いのです。エリザベス女王二世は、外交で多くの国を訪ね、世界中の美しいものを鑑賞してきた美意識で、石庭の偉大さを鋭く感知したのではないでしょうか。西洋の庭との違いを驚きを持って見つめ、禅という伝統文化の中で育まれた庭園の美の本質を理解したのではないでしょうか。

ロンドンで毎年5月に開催されるチェルシーフラワーショー。エリザベス女王二世を総裁とする英国王立園芸協会の主催で、１００年以上の歴史があります。庭園デザイナーの石原和幸が10回も金メダルを獲得しています。タイムズ紙では「モス・マン（苔男）」と呼び名をつけられました。

彼の作品は、日本の植栽とともに岩組を施し苔をはるデザインですが、エリザベス女王二世から、「あなたは緑の魔法使いね」と言われたそうです。日本庭園に造詣の深いエリザベス女王二世らしいコメントだと思いました。

龍安寺と枯山水の謎

謎が多いというのも龍安寺の石庭をいっそう魅力的にしています。いつ、誰によって、造られたのかわからないのです。龍安寺自体は、細川勝元によって、妙心寺から義天玄承《ぎてんげんしょう》を開山に迎え、1450年に創立されました。龍安寺の枯山水は相阿弥《そうあみ》が作った「虎の子渡し」だと、18世紀末の「都林泉名勝図会」には明記されています。

「虎の子渡し」とは古い中国の故事で、三匹の子を連れた母虎は、どうやって、一匹ずつ連れて川を渡るかという話です。三匹のうち一匹は、母の不在に二匹を襲うほど気性が荒いのです。一匹は豹の子であるという解釈もあります。

豹の子としたら、最初に豹を対岸に渡し、母虎は戻り次の子を連れて渡り、今度は豹を連れて戻り、残りの一匹を連れて渡り、また戻って豹の子を連れて渡るというのが話の詳細です。石庭を造るとき「虎の子渡し」と名付けられたのか、あるいは「七・五・三の配石」、「心の配石」、「扇型配石」だったのか……色々な説があります。

そもそもここは方丈からは南庭にあたり、幅25メートル、奥行き10メートルの空間に白川砂という白砂が敷きつめられ、そこに十五の石が配置されています。左から、五石、二石、三石、二石、三石のグループに分かれています。石の種類も形もさまざまです。

しかし、一度に、十五の石すべてを見ることができないというのが、不思議なところです。すべてを見ることができないことは不完全を意味し、「足りないことが今の自分で、それを感謝する」「不完全さを受け入れる」ことだと言われています。

ある日、一人のフランス人の方が十五石すべて数えられる場所を見つけたと教えてくれたことがありました。縁側の西側に立つことになるので、庭を鑑賞するには最適な位置と言えません。石庭は、方丈の中から座って観るのが正面となります。部屋の真ん中に座り低めの目線で観ると、扇型のように放射線状に石が配置されているそうです（現在は位置がずれているそうです）。

また、築地塀《ついじ》（油土塀）で三方を覆われています。西側の塀は手前から奥に向かって低く傾斜し、正面の塀も西から東へと低くなっています。これは、16世紀に伝わったパースペクティブの用法が使われているのではと言われています。

同じ頃にヨーロッパから日本に伝わった黄金比（１：１・６１８）が、石の配置に巧みに使われていて、そのため一見無造作に置かれている石が、人間の目にはバランスよく映るのだとも言われています。石を一つ取り除くだけで、不安定な配置になる絶妙なバランス感があるのは確かなことです。

龍安寺には秀吉も訪れていて、「しだれ桜を愛でた」という記録が残っており、桜の切り株も方丈西側に存在しています。けれども、秀吉がこの桜を愛でながら、石庭のことに言及していないのはむしろ不自然なので、安土桃山時代には、石庭はまだ存在していなかったのではと言われています。

そもそも、南庭に白砂を敷き詰めるのは、太陽や月の光を白砂に反射させ室内を明るくする明り採りが目的でした。また、南庭は聖域として仏教的儀式を執り行うために使われていました。

金地院を創設した以心崇伝が、1619年、天下僧録司《そうろくし》という禅宗寺院を統括する職に就いて諸制度を改革したのち、方丈庭園で仏教的儀式を執り行うことがなくなりました。堂内で催されるようになったのです。

それらのことを統合し、方丈の南庭の奥に岩を据え始めたのは、江戸時代初期からということになっています。室町時代に作庭された大徳寺大仙院は、岩組が方丈の北東側にあり枯山水を表現しています。南庭には清めのための白砂の山がふたつあるだけで、あとは白砂が平面に敷かれているだけでした。南庭は儀式の為のスペースとして、石は置かれていませんでした。

石庭の壁際にある背の低い石に、小太郎と清（彦）二郎という二人の名前が彫られています。刻印の書体は江戸時代のものだとされていますが、この名前が作庭者とも限定できていません。謎は深まるばかりです。

江戸初期に造られヨーロッパの製法を取り入れているため、小堀遠州作庭説もありますが、決定的な確証はありません。


こうして、いつ誰によって造られたのかわからず、解釈も色々なので、龍安寺は自分の心の目で、自由に観賞してくださいと説明しています。この禅らしい自由な発想で観賞することが、エリザベス女王二世をはじめ、海外の方々に絶賛されている理由ではないかと思います。

龍安寺は、1994年、世界遺産になりました。方丈の東側には秀吉が賞賛したという侘助椿があり、春に赤白斑の花をつけます。方丈の北側には、銭形の蹲があります。蹲は真ん中が口を表す四角形で、上、右、下、左の四つの文字と組み合わせると、四つの漢字が構成されます。その四つの漢字をつなげると、「吾唯足知」という禅語になります。これは、徳川光圀の寄進と言われています。

石庭と美意識の融合

座禅の庭として発展してきた臨済宗の禅寺の庭園。「心を鎮めて、庭を静観する」というのが基本です。

そして、石庭の意匠性は、エリザベス女王二世のおかげで、ロックガーデンとして世界に広まりました。海外では「禅」は宗教性というよりは哲学性が注視されています。「無駄を剝ぎ取り、最低限の要素、つまり石と砂だけで空間を見事なまでに芸術的なものにする」。龍安寺の石庭のおかげで、日本の庭園美が世界に認識されていくのです。

座禅と簡素な美の融合が、人々を魅了するのだと思います。

デヴィッド・ボウイ（1947年〜2016年）と正伝寺《しょうでんじ》（京都）

たびたび京都を訪れていたデヴィッド・ボウイが、
その美しさに涙したという正伝寺の庭。
白砂に七・五・三の刈り込み、遠方に望む比叡山の借景……。
世界的なアーティストは何を感じとったのか。

デヴィッド・ボウイの美学

１９４７年、デヴィッド・ロバート・ジョーンズはロンドン南部のブリクストンで生まれます。普通の家庭の内気な少年だったそうです。13歳でサックスを演奏し、ロニー・ロスに弟子入りを志願します。16歳で高校を中退、ロック歌手になります。１９６６年、デヴィッド・ボウイと名乗り始めます。1969年「スペース・オディティ」で、全英、全米のチャートに登場します。

ローリング・ストーン誌では、彼のことをこう説明しています。

――ジャズ界におけるマイルス・デイビスのように、ボウイは自身のイノヴェーションを体現するだけでなく、文学、アート、ファッション、スタイル、性的探求、社会的主張が一体化したイディオムとしてのモダン・ロックのシンボルとなった――（『デヴィッド・ボウイ バイオグラフィー』ソニーミュージックより）

1972年、『トップ・オブ・ザ・ポップス』に出演し、「スターマン」を披露したことがきっかけで、スーパースターとしての揺るぎない地位を確立しました。また、70年代後半はベルリンで音楽活動をしてベルリン三部作を完成させますが、この頃、日本に頻繁に来ていたそうです。

1983年4月に『レッツ・ダンス』をリリースして、これが彼のキャリア史上最も大きな商業的成功を収めたアルバムとなりました。同じ頃に、大島渚監督の映画『戦場のメリークリスマス』でイギリス将校の役を演じ、坂本龍一やビートたけしと共演しました。

ボウイのキャリアが最も花開いた頃ではなかったでしょうか。

ボウイはロックの開拓者と言われています。独特な音楽性だけでなく、ビジュアルの美しさなど芸術的な冒険を続け、パフォーマンスのスタイルを「ロック演劇」と位置づけました。美にこだわる作品作りが、ミュージシャンだけでなく、ファッション業界にも影響を及ぼし、世界中の若者が魅了されました。

2016年に、69歳で肝臓ガンで亡くなります。その二日前の誕生日には最新のアルバムのための写真が公開されていますが、笑顔が眩しいダンディな装いでした。発売されたアルバムは、ボウイの死後24時間以内に、イギリスアルバムチャートで一位になりました。

親日家のデヴィッド・ボウイ

ボウイは、親日家で有名でした。また仏教や禅に造詣が深かったようです。BBCテレビ『デヴィッド・ボウイの日本流への熱情』によると、ボウイが20歳頃、舞踊家リンゼイ・ケンプ氏のもとで、ダンスとマイムを習いました。このケンプ氏が、伝統的な歌舞伎の様式に大きな影響を受けていたそうです。歌舞伎や能という伝統芸能が、ボウイが日本文化を知る入り口になりました。

また、チベット仏教の高僧はボウイと親交があり、彼が仏教の僧侶になるつもりだったと証言しています。もともと、仏教に深い関心があったようです。

アルバム『ジギー・スターダスト』全盛期の頃に、スタイリスト・高橋靖子、写真家・鋤田正義、ファッションデザイナー・山本寛斎などがボウイと親交があったそうです。

鋤田正義はボウイを京都で撮っていますが、ボウイの希望は京都の人々が日常の生活を送るような場所で、というものでした。

ボウイが梅田行きの阪急電車の前でさっそうと立っている姿は、ファンだけでなく京都に住んでいる人達をも魅了します。切符を買っていたり電話ボックスで受話器を持っていたりする写真などもあります。古川町商店街では、当時、創業70年のうなぎ店の名物八幡巻きを買っている姿もありました。

スターダムにのし上がった1970年代後半、プレッシャーなどからドラッグの誘惑に苛まれ、ベルリンに移り音楽活動をしていた時期がありました。名盤「ロウ」「ヒーローズ」「ロジャー」のベルリン三部作を制作しました。この頃、ボウイはツアーの合間を縫うように京都を訪れていました。ボウイにとっては大きなターニングポイントで、自分自身をリセットするために京都に来ていたそうです。

大徳寺の僧侶は、ボウイと親交がありました。日本、そしてその精神の奥にある禅に、ボウイは向き合っていったのだそうです。ＷＯＷＯＷドキュメンタリー『デヴィッド・ボウイの愛した京都』で「禅の中では、自由を得るというのが究極にあり、特に死ぬことからの自由のことだと。変わるというのは自分が死ぬことで、ボウイは、自分が変わることから真の自由を求めていたのではないでしょうか。」と僧侶は話していました。「新しい自分、本当の自分の姿を京都で見つけたのです。京都の時間の流れを、ボウイは大切にしていたようです。常に今が大事だということです。」と彼は続けます。

ボウイは芸術や文化、歴史を学ぶ才能に溢れていたと言います。美術品のコレクターではなく、その物の精神を自分のものにしていく才能があったそうです。「ヒーローズ」のB面に収録されたインストゥルメンタル曲「モス・ガーデン」では、美しい琴の音色が聞こえてきます。これはファンが、直接本人に手渡したおもちゃの琴の音色です。これを弾きこなして、自分の音楽表現をしている才能に凄さを感じます。

１９９０年代には、イマンと新婚旅行に京都に来ていますが、滞在したのは老舗旅館「俵屋」でした。また、江戸時代創業の蕎麦屋「晦庵《みそかあん》河道屋《かわみちや》」本店もお気に入りだったそうです。俵屋と河道屋は、スティーブ・ジョブズも好きでした。二人が遭遇した可能性は少ないと思いますが、好みが似ているのが不思議です。

正伝寺の歴史とその庭園

ボウイが愛した正伝寺は、どのようなお寺なのでしょう。正伝寺は、京都市北区西賀茂にあります。五山送り火で有名な船山の南側に位置しています。臨済宗南禅寺派の諸山の格式を持つお寺です。山号は吉祥山《きっしょうざん》。寺号は正伝護国禅寺で、本尊は釈迦如来です。

正伝寺は、１２６０年、宋より来朝した兀庵普寧《ごったんふねい》禅師の高弟が、京都一条今出川に創建しました。１２６５年に兀庵普寧禅師は宋に帰りますが、その後、東巌恵安《とうがんえあん》が跡を継ぎ、１２８２年にこの西賀茂の地に移りました。

応仁の乱で荒廃しましたが、徳川家康が再興します。本堂は、１６５３年に金地院の小方丈が移築されたものです。伏見桃山城の御成殿《おなりでん》の遺構を移したものとも言われています。

方丈の広縁の天井には、伏見城落城時、徳川家臣・鳥居元忠と家臣らが割腹し果てた廊下の板を、供養のため天井に貼った「血天井」があります。

方丈の各室の襖絵は、1605年頃、徳川家康の命により狩野山楽が描いた中国・杭州西湖の風景です。山楽の残した貴重な作品です。

庭園は白砂とサツキ等の刈り込みが並ぶ枯山水です。方丈の東側に造られており、敷地は363平方メートルです。

方丈から見て白砂の奥に、右から、七つ、五つ、三つと、植栽の大刈り込みがあるだけです。これを七・五・三形式と言いますが、通常は石が七・五・三に置かれ、植栽で表されているのは正伝寺だけです。

植栽構成は、三つがサツキのみ。五つがサツキとサザンカ、七つがヒメクチナシ、アオキ、サザンカ、サツキ、ナンテン、ヤブコウジ、チャと組み合わされています。

この庭園は江戸初期に造られました。小方丈が金地院から移築されているので、小堀遠州作とも言われていますが、時期的に見て、別の作庭家との説もあります。

江戸初期には、滋賀県の大池寺庭園や奈良県大和郡山の慈光院庭園など大刈り込みの庭園が他にも存在しています。龍安寺の石組が「虎の子渡し」と言われるのに対し、正伝寺の七・五・三とする刈り込みは「獅子の児渡し」と言われています。ゴツゴツした石が虎で、ふわっとした植栽の刈り込みを獅子と見立てたのでしょうか。

明治維新以降、寺領・社殿の召し上げなど苦しい時代になります。正伝寺の明治期の写真が残っていますが、高木が増え、刈り込みも乱れた様子です。

戦前の1934年、重森三玲を中心とした京都林泉協会の会員有志が、後から加えられたであろう石を取り除くなど荒れた状態を整えました。こうした努力により、かつての姿を取り戻した現在の庭園は、京都市の名勝に指定されています。

庭に敷き詰められた白川砂と緑の刈り込みの植栽、下界を遮断する漆喰塗りの塀の構成の向こうに、遠山として望めるのが比叡山です。遠くにポツンと比叡山だけを見渡せる巧みな借景の取り方が、正伝寺の庭をより特別な存在にしています。

正伝寺とデヴィッド・ボウイ

京都の北に位置する正伝寺は、最寄りのバス停から歩いて20分ほどかかりアクセスが良くありません。山門を抜けると登り坂の山道が続きます。本堂まではおよそ250メートル。静かな山道はやがて、下界と離れた特別な禅の庭へと誘ってくれます。

実はこの人里離れた禅寺の正伝寺の庭は、知る人ぞ知る名勝なのです。どうしてボウイがこの庭のことを知っていたのでしょうか。おそらく、彼の友人だった米国出身の東洋美術家・デヴィッド・キッドの存在が大きかったのだと思います。

デヴィッド・キッドは、九条山に邸宅を持っており、「桃源洞」と名付けていました。ボウイはここをよく訪れたそうです。ボウイは、桃源洞の居間にあった平安時代の地蔵菩薩を眺めて時を過ごしていたそうです。菩薩の控えめな様子から深い哀れみを感じていたのではないでしょうか。

1979年の年末、広告代理店が宝焼酎「純」のコマーシャルにボウイを起用する提案をしました。アーティストとして非常に高い純粋性を持った人として、彼以外にいないということでした。

ボウイはお気に入りの俵屋に泊まり、撮影は嵐山にある松尾大社近くの公園や正伝寺で行われました。正伝寺を希望したのは、ボウイ本人だったそうです。宝ホールディングスの元会長・細見吉郎は、学生時代からずっと京都に住んでいましたが、当時、この寺の存在を知らなかったそうです。整然とした枯山水庭園と比叡山の眺めに感動し、訪れる人も少なく、静寂に包まれていたので「ボウイさんが正伝寺を指定した理由が分かった」と語っています。

——「撮影中にボウイさんは庭園を見つめ、涙を浮かべていた」と細見さんは振り返る。「景観に感動したのか、何か悲しい思いをしたのかは聞けなかった。繊細で純粋な人だった」と記憶をたどる。——（日本経済新聞「D・ボウイが涙した静寂」／2016年2月19日）

宝焼酎「純」の販売数量は、1980年からの5年間で11倍に増えたそうです。コマーシャルには、ボウイ自身が作った「クリスタル・ジャパン」という、雅楽を意識したインストゥルメンタルの曲が使われました。正伝寺の庭の白砂の上に、グラス片手に座っているシーンはとても印象的です。

私がこの庭を訪ねたのは、紅葉が始まる頃でした。デヴィッド・ボウイが愛した庭を鑑賞しようと、海外からの観光客の姿もありました。

刈り込みが美しい庭の方丈前には数人がいましたが、みな庭を観ており、沈黙だけが心地よい空間を作っていました。しばらく静観していると、心が洗われたような気持ちになりました。

ボウイもまた、心を清めるように真の美を前にしていたのかもしれません。庭には、自分をリセットするとともに、自由にしてくれる作用があるのかもしれません。

安藤忠雄（1941年〜）と本福寺《ほんぷくじ》（淡路島）

安藤忠雄が建てた真言宗の本福寺。
コンクリートで作られた池の中に咲く大賀蓮《おおがはす》は、
2000年前の地層から発見された。
伝統を重んじつつも突き破る、斬新な庭。

安藤忠雄の半生

1941年、安藤忠雄は兵庫県鳴尾浜に住む貿易商の家に生まれました。双子の一人でしたが、兄である忠雄は、母方の祖父母に引き取られます。ひとり娘であった母が嫁ぐ際に、最初の子供に実家を継がせる約束をしていたからです。

祖父母宅は戦争で焼き出され、4歳のときに大阪市旭区に移り住みました。小学校に入るとすぐ祖父が他界し、祖母に育てられることになります。

大阪の下町育ちの安藤は、木工所をはじめものづくりの現場を目の当たりにします。17歳でプロボクサーになりますが、志半ばで、ボクサーの道を諦めます。

どんな職業につくか当てもない高校時代から、京都、奈良の書院や数奇屋、茶室などを見て回り、日本の伝統的古建築に触れていきました。

その後、独学で建築を学びました。大学に行く余裕がなかったからです。大学で聴講したり、本を読んだり、通信教育を受けたりとあらゆることを試しますが、そんな中、古本屋で出会ったのがル・コルビュジェの作品集でした。図面やドローイングのトレースをして、ほぼ全ての画を覚えてしまうぐらい何度も何度も描き写したそうです。これが、安藤忠雄の建築のルーツとなったのではないでしょうか。

食事代を切り詰めて、洋書、海外雑誌などを買い求め調べていくうちに、自然とその空間を直に体験したいと思い始めました。

1963年、まず日本一周の旅に出ます。主な目的は、日本近代建築の雄・丹下健三の建築を巡ることでしたが、その一方で、白川郷や飛騨高山の古民家など土着の民家の空間に大いに心惹かれたそうです。

1965年、日本で一般の海外渡航が自由化さた翌年に、海外の建築を見る旅に出ます。当時の建築史では、ギリシャ、ローマの古典から近代建築に至るまで、西欧建築が主流でした。日本建築にはない力強さが何なのか知りたいという好奇心が、旅に出ることを決心させます。

ローマのパンテオンや、ギリシャのアクロポリスの丘にあるパルテノン神殿、バルセロナのアントニオ・ガウディの建築、イタリアではローマからフィレンツェまでのミケランジェロのすべての建物や絵画、彫刻など、ヨーロッパ各地であらゆるものを見て回りました。

さらに、夢にまで見たル・コルビュジェの建築、ポワシーの丘のサヴォワ邸をはじめ、ロンシャンの礼拝堂、リヨン郊外のラ・トゥーレットの修道院、マルセイユのユニテ・ダビタシオンなどたくさんの作品を見ました。シベリア鉄道や船を使い、帰路はインドに立ち寄り、この地で「生きるということはどういうことか」と人生観が変わるほどの衝撃を受けたそうです。

自分の事務所を開設するまでの4年間、世界を歩き回ったことが、その旅の記憶が、建築家・安藤忠雄の人生にとってかけがえのない財産となりました。

1969年に、大阪に安藤忠雄建築研究所を設立します。

1976年、住吉の長屋を発表し注目を浴びます。外部に対して閉ざされた箱を思わせるコンクリート打ち放しの壁に、部屋を移動する際に屋根のない庭を通るという平面構成の建物です。基本的なデザインは、ル・コルビュジェやルイス・カーンに代表される良質なモダニズムを継承したもののだったようです。

安藤忠雄の建築スタイル

安藤忠雄の建築スタイルとはどういうものでしょうか。無機質でシンプルなコンクリート建築と自然の採光が、大きな特徴だと私は思います。

コンリート建築についてのこだわりを『建築家　安藤忠雄』（安藤忠雄著）で、本人が詳しく述べています。

――鉄筋コンクリートは、セメントと水と砂利に鉄筋があれば、どこででも自由な形を

つくることの出来る、現代を象徴する建築工法だ。約１００年前に実用化され、20世紀近代建築の歴史とともに発展してきた。（中略）だがコンクリートは、耐震、耐火、耐久に優れた近代的材料ではあっても、その素材感自体は決して美しいものではない、と考えられていた。あくまで建物の基礎をつくる裏方の存在と据えられていたのである。

建築の世界では、ル・コルビュジェやルイス・カーン、日本では丹下健三などが、打ち放しコンクリートのブルータルな表現を試みていたが、それもいわばハイ・アートの世界の話である。コンクリートといって人々が思い浮かべるのは、もっぱらダムや橋梁といった、強度と機能を満たせばよしとされる土木構築物だった。——

実際、70年代に彼がコンクリートを使い始めたのは、デザイン性というよりは、限られた予算と敷地の中で、スペースを取りコストも安価だという便利性が先行していたそうです。しかし、コンクリートを扱っているうちに考え方が変わります。

——私はこの材料、工法の持つ大きな可能性を感じるようになった。まず型をつくって流し込めば、どんな形も自在に、しかも一体的につくれる可塑性である。これは、彫刻的に建築をつくることができるという意味ではない。自分がつくりたい空間を、もっともプリミティブな形で表現できる、という意味で私にとっては魅力だった。——（前出

（『建築家　安藤忠雄』より）

つまりコンクリートは、建築家によって違う形ができ、建築家の思いを表情として表せる、多様さを持った材料だと言及しています。コンクリートの多様性が、安藤忠雄のその後の建築の可能性を無限に広げました。

安藤は、コンクリートを、まず建築の原点であり制限の多い住居に、やがて京都三条木屋町の高瀬川に連続させた「タイムズ」などの商業施設、そして、大掛かりな公共機関、例えば「兵庫県立こどもの館」（１９８９年）などへと、建物の規模を少しずつ拡大していきました。

本福寺の建築コンセプトと特殊な庭

淡路島の東海岸沿いの大阪湾が見渡せる高台に、お寺がポツンと存在しています。平安後期に創建された本福寺という真言宗のお寺です。

なぜ、そんなところに世界に名高い安藤忠雄の建築があるのでしょう。最初に下見に行ったときは、疑問だらけでした。でも、すぐにわかりました。檀家に三洋電機の創始者・

井植家がいたのです。井植家の依頼だったことはすぐに理解できました。

エントランスからはじまるコンクリート壁は、白砂が敷き詰められた前庭へと続きます。その閉口部をくぐり抜けるとさらにコンクリートの壁が立ちはだかり、そこは壁と空と白砂だけの空間です。二枚の壁に切り取られたこの空間が、安藤忠雄建築「水御堂《みずみどう》」に向かう参道なのです。この壁は俗界と聖界の境界を表しています。

参道には、白砂を踏みしめる音がコンクリート壁に反響して広がります。壁が途切れると突如視界が開け、長径40メートル、短径30メートルの楕円形の蓮池が広がります。池の周りはもちろんコンクリートで覆われています。いわゆるコンクリートでできた池なのです。池の中央に切り込みを入れるように地下への階段があり、水面下の御堂への入り口となっています。

本堂屋根も兼ねる蓮池には、紅白の睡蓮の他に、約2000年前の地層から発見された大賀蓮が浮かびます。睡蓮は5~9月に咲きますが、大賀蓮の見頃は6、7月頃だそうです。

水面から直線の階段を降りると、朱に塗られた回廊に行き着きます。上部の池が無機質なコンクリートだけに、地下の朱色のコントラストは見事だと思います。回廊を回ると本堂が見えてきます。本尊は薬師如来像です。西日が差すと、後光のように如来を輝かせます。

本尊は薬師如来ですが、その様子はまるで阿弥陀如来の浄土の世界を表しているかのようです。安藤は自著『建築家　安藤忠雄』の中で言い表しています。

――地下の空間を特徴付けるのは、ちょうど内陣の背後の位置に、正確に西側を向いてある大きな格子窓と、その格子に施された鮮やかな朱色の仕上げだ。外光はこの赤いフィルターを通して室内に入り込み、空間全体を柔らかな朱色で包み込む。目指したのは、鎮座する本尊の背後から、西方の光が差し込む西方浄土の空間―仏教の説く西方の理想郷のイメージだった。――

予想通り、本福寺の檀家の一人である三洋電機・井植敏《いうえさとし》から設計を打診されたそうです。そのときに、安藤が若い頃インドで見た、自生する蓮に覆われた蓮池の風景が脳裏に浮かんだそうです。

――仏教では、蓮は悟りを開いた釈迦の姿の象徴と言われる。ならば、従来のような象

徴的な大屋根で権威を示すための建物ではなく、この蓮池で仏や衆生の全てを一緒に包み込む御堂が出来ないか。形ではなく、迂回するアプローチから蓮池の下をくぐり、お堂を訪ねるという空間体験そのもので、仏教の精神世界を表現できないか。――

これが、安藤忠雄の水御堂のコンセプトでした。

もちろん、仏教建築は土着的なものであり、保守的なので、檀家の中には反対する人もいたようです。「大事な御堂の上に水を張るなんてとんでもない、大屋根のないお寺は考えられない」。困った井植氏は、高僧で当時90歳を超えていた大徳寺の立花大亀大僧正《たちばなだいきだいそうじょう》に相談したそうです。大僧正は、「仏教の原点である蓮の中に入っていくのは素晴らしい。ぜひ実現させてください」と即答だったそうです。

こうして、コンクリートの蓮池の庭とともにこの御堂は、1991年に竣工しました。そのあと起きた阪神・淡路大震災のときも耐え忍び、今もその仏教の根元の蓮とともに、美しいコンクリートの姿を見せています。固定観念を覆し、しかし仏教の真髄を表し、そこに建築家の美意識を投げかける、安藤忠雄の精神性の高いデザイン性が見られる作品です。

世界では安藤忠雄建築を「光と影のモノクロームの世界、あるいは空間における〝無〟や〝間〟と呼ばれるような日本的美学が、コンクリートで囲われた簡素な空間に潜んでいる」と評価するようですが、それは彼にとって意図的ではなく、関西に生まれ育ち、奈良、京都の古い建築に身近に接してきたから、コンクリートという限定された手法の中で、無意識に出た感覚だと安藤は言及しています。

光の十字架と安藤の名声

本福寺の近くに、「淡路夢舞台」というこちらも安藤忠雄の作品があります。会議場やホテル、温室などを含んだ施設です。そのホテル側のチャペルでは、コンクリートの隙間で十字に空間を作った、光の十字架が見られます。

これは、大阪府茨木市に建てられた「光の教会」のミニチュア版だと思います。「光の教会」は、なかなか見ることのできない教会です。安藤はこの小規模な住宅地内の教会を、かなり限られた予算で建てています。それは、信者さんのためでした。

若い頃、安藤忠雄はル・コルビュジエのロンシャンの礼拝堂などを訪れたときに、建築家の構想力が生んだ「空間」で、人々が心を一つにして祈る姿に遭遇し、心を動かされたそうです。そのときから、共同体の心の拠り所となる教会建築をすることが、彼の一つの夢だったそうです。

修道士が石を積み上げて作った洞窟のような礼拝堂、その厳しくも美しい、人間の精神に訴えるような空間をコンクリートの箱で作りたいという思いから、十字形の光が差し込むシンプルな空間「光の教会」が１９８９年に完成しました。

２０１７年にパリで、建築関係の友人に「パリの日本建築」のレセプションに連れて行ってもらいました。ＳＡＮＡＡの妹島和世ら錚々たる日本人の建築家が顔を揃えていました。その中で、一番目立っていたのが安藤でした。密着のカメラマンも追っています。若いフランス人建築家達が羨望の眼差しで彼を見ています。もう、建築界の神様のような存在です。

伝統を重んじ、そしてその殻を破り何か新しいものを作りだす。これは、建築も庭も同じでしょう。そしてどちらも美意識の根底に、深い思想が潜んでいるのです。

column

庭園史における最重要作庭家とその名庭

重森三玲（1896年〜1975年）と東福寺方丈（京都）

全国にある古い庭園の測量を経て、
東福寺方丈の作庭を依頼される。
彼が繰り出す創意工夫は、枯山水のデザインが冴えていた。
市松模様はいったい何に影響されて生まれたのか。

重森三玲

重森三玲は、造園家であり庭園史研究家です。岡山県で生まれました。日本美術学校卒業後、東洋大学文学部に進みます。幼いときから、絵画、生け花、茶道を好んでいました。青年期から日本庭園史の研究、茶道、華道の研究を行います。

1929年に京都へ移り、庭園や古建築の私的研究会「京都林泉協会」を設立します。1936年〜1938年、全国に点在する古い庭園を実測し、その成果を『日本庭園史図鑑』（全26巻）

にまとめます。
北は青森から南は九州まで、300～400ほどの庭園を仲間とともに調査しました。池の深さから石組の構造など細かに実測し、基礎、造り方、維持の仕方にいたるまであらゆる角度から庭について学びとることになります。

翌年（1939年）には、実測調査の成果をもとに、東福寺の方丈、光明院、芬陀院《ふんだいん》の修復と作庭を行います。
三玲は、生涯で200余りの作庭を手がけました。岸和田城庭園、大徳寺瑞峯院《ずいほういん》庭園、松尾大社庭園など、それぞれが特徴的な意匠の枯山水でした。

彼は、アヴァンギャルドなど抽象絵画も好みましたが、庭のデザインの基本はあくまで日本庭園の文化や歴史に求め、また研究を行っていた茶道や華道など和の芸術などから着想を得ていたようです。
「古い物の中にこそ、時代を超えたモダンが存在する」。この美意識を「永遠のモダン」と三玲は表現していました。

三玲は、作庭だけでなく、庭園の修復にも力を注ぎました。正伝寺の項でも記しましたが、江戸初期にはなかったと思われた石（明治期に加えられた）を撤去したり、塀の向こうにそびえ立つ松の木を切って、比叡山の借景を復活させたりしました。

東福寺芬陀院の雪舟の庭もそうです。作庭された当初の姿にできるだけ忠実に復活させています。彼はこう語っています。

――石組を見ただけでいつの時代の作庭かを判別するには、1000前後の庭園をひととおり見てまわる必要がある。――（『重森三玲―永遠のモダンを求めつづけたアヴァンギャルド』マレス・エマニュエル編より）

東福寺の歴史

東福寺は、京都市東山区にある臨済宗東福寺派の大本山です。山号は慧日《えにち》山。本尊は、釈迦牟尼仏です。1236年、九条道家の願いにより、法性寺《ほっしょうじ》跡に一堂が創建され、1243年、宋から帰国した聖一国師《しょういちこくし》を開山に迎えて、天台・真言・禅の三宗兼学《さんしゅうけんがく》の道場となりました。1255年七堂伽藍が完成し、東福寺の名前は東大寺と興福寺から一字ずつを取って名付けられました。

東福寺は、三度も火事に遭い、その度に修復されてきました。1881年には、方丈から火が出て、仏殿、法堂《はっとう》などを焼失しました。1890年、再建に着手、落成は1934年でした。国宝である禅宗寺院最古の三門（国宝、室町時代）を始め、月下門（1264年～1275年）、禅堂（1374年）、仁王門（1391年）、浴室・東司《とうす》（両方とも室町時代）など、国の重要文化財としての建造物が残っています。

塔頭は、昔は53院ありましたが、明治以後まとめられ、龍吟庵《りょうぎんあん》や栗棘庵《りっきょくあん》など25院が現存しています。禅堂・経蔵と開山堂を繋ぐ通天橋《つうてんきょう》は、古くより紅葉の名所として有名で、11月中旬から後半にかけて、たくさんの観光客が訪れます。

東福寺方丈の「八相の庭」

東福寺方丈は、三玲が、日本全国の古庭園実測調査を終えた直後の作品です。設計と作庭を手掛け、完成に4ヶ月半を費やしました。三玲にとって最初の寺社庭園の作庭です。

大きな特徴は方丈（建物）を囲む東西南北全てに、それぞれ違う意匠を施した庭を造った点です。南庭の神仙島石組、（一．）方丈、（二．）蓬萊、（三．）瀛洲《えいじゅう》、（四．）壺梁《こりょう》および（五．）京都五山の築山に加え、（六．）西庭の井田《せいでん》の庭、（七．）北庭の市松の庭、（八．）東庭の北斗七星の八つの意匠からなります。これを、釈迦の入滅の過程を八つに分けた「釈迦八相成道《しゃかはっそうじょうどう》」にかけて、「八相の庭」と言います。

まずは、南庭から見ていきましょう。白砂が敷き詰められ、これが大海を表します。砂紋がありますが、三玲の最初の砂紋は、複雑な文様をしていたそうです。奥に、中国の蓬莱神仙（道教）を題材にした、仙人の住む不老不死の四つの島の石組があります。青石の豪快な立石が目立ちますが、注目したいのは、横に置かれている伏石です。長いものは6メートルに至ります。この試みは古い庭園に見られるものではなく、新たな意匠です。立石を強調する役目もあります。

左から二番目の蓬莱石組の立石で一番高い石は、他の石に比べて存在感があります。ぼこぼこしていて、中国の庭園に見られる太湖石《たいこせき》のようです。孫の重森千青氏によると、重森三玲はもともとこの石が好きではなかったのですが、よく見ると少し斜めに傾いていて、西に歩いて行くうちに、石の表情が変わっていく、そこが気に入ったそうです。

この石は、別の役目も担っています。神仙島四島に加え、南庭奥にある築山の京都五山で、九の山、白砂を八の海と見立て、「九山八海」の「須弥山思想」も表しています。したがって、この石はその中で一番高い山、須弥山なのです。須弥山思想は、古代インドの世界観が仏教に取り入れられたものです。

南庭正面には、明治天皇の皇后（昭憲皇太后）の寄進とされる美しい向唐破風《むこうからはふ》の表門があり、その向こうには、庭からの借景として本堂（仏殿）がそびえ立っています。

南庭を西に進むと、白砂と築山に敷かれた苔の緑の間に斜め線が引かれていますが、これはモルタルで仕切られています。モルタルを庭園に使ったのは初めての試みでした。築山は京都五山を表しています。京都五山とは、京都の五大臨済宗禅寺のことです。斜めに区切られている緑の部分は、次の庭に続くプロローグの役目とされています。

西庭には、大胆に正方形に刈り込まれたサツキが大きな市松模様を描くように植えられています。その刈り込み一つ一つを区切っているのは、葛石《かずらいし》で、井の形に置かれています。葛石はかつて本坊内で使用されており、作庭当時の執事からの条件は、すべての石の再利用だったそうです。井田は、孟子が土地制度の理想として説いた「井田法」からきています。

西庭は、奥に見えるモミジの名所の通天橋や洗玉澗《せんぎょくかん》に対して幾何学模様でコントラストがある庭を表現したそうです。

北庭に進むと、とてもモダンな景色が目に飛び込んできます。こちらもリサイクルの敷石とその合間に杉苔を植えて、ため息が出るほど美しい小市松模様の意匠が施されています。左側に集中的に敷石が置かれ、右奥に向かうほどまばらになる、絵画で言う「ぼかし」の用法が使われています。これは、インドで誕生した仏教が、東に広まる様子を表しています。敷石の配置は本当に絶妙です。どれひとつ取り去っても成立しないと、三玲は語っています。

世界的に有名な彫刻家イサムノグチは、この北庭を見て「モンドリアン風の新しい角度の庭」と評したそうです。でも、三玲はモンドリアンの絵は見ていないので、どちらかというとカンディスキーの絵からインスピレーションを受けたかもしれません。実際のところは、桂離宮松琴亭の襖の白青市松模様から、敷石と苔による市松模様の意匠が生まれました。江戸初期の作品からヒントを得たということこそ、三玲が目指していた「永遠のモダン」ではないかと思います。

最後に東庭。小さな庭に円柱型の七つの石がまばらに置かれています。この石の配置が北斗七星を表しています。円柱は、かつて東司の礎石として使われていたものです。日本庭園で星座を表したのはこれが最初となります。四神相応《しじんそうおう》という中国の風水学で信じられた地相から来ており、玄武（北）、青龍（東）、朱雀（南）、白虎（西）という天の四方を司どる神ですが、北の玄武は、亀に蛇が合体したような生き物で、北極星や北斗七星を示すとされています。

また、北斗七星は柄杓の形をしているので、方丈に入る前の清めの意味も表しているという説もあります。円柱の高低差を変えリズミカルなので、天空の星座の動きが見事に表現されています。

東福寺方丈の四つの庭には、日本庭園古来の姿である道教や仏教に関するものが散りばめられています。サツキを中心とする植栽や苔、石、砂など日本庭園に特有の素材だけを使い、創意工夫によってモダンで新鮮な印象が沸き起こります。この庭は、国の名勝に指定されています。

東福寺の光明院

そして、もうひとつ。東福寺勅使門を出て南に少し歩くと、塔頭のひとつ光明院への階段があります。そこを上って本堂に入ると、知る人ぞ知る重森三玲の名庭を見ることができます。1939年に作庭された枯山水「波心庭《はしんてい》」です。三玲は、東福寺方丈を造りながら、同時進行でこの庭も造ったとされています。

中央の少し窪んでいる部分に、池のように白砂が敷かれています。雨水がたまり池になることもあります。苔に覆われたところに、青石がほとんど立石の形で配置されています。「波心庭」とは――**無雲生嶺上（りょうじょうにくもはしょうずることなし）。有月落波心（はしんにつきはおつることあり）にちなんでいる。――（前出『重森三玲―永遠のモダンを求めつづけたアヴァンギャルド』より）**――煩悩がなければ、仏心という月は波に映るという意味だそうです。白砂の池を表す部分は、一滴の水を落とすと、水面に円が広がっていく様子を表現しています。

立石を使った三尊石が、離れた三箇所に配置してあります。それを仏に見立てて、放射状に広がる光の線を石で表しています。つまり、石はすべて三点から放射状に、伸びていて、線を引いたイメージを思い浮かべると幾何学的にも見える不思議な庭です。本院の「光明」から着想したアイディアです。

光明院の庭は、本堂の正面からだけでなく、あらゆる部屋から、バランスのとれた石の配置が楽しめます。また、丸窓や開いた障子の枠を使って、三尊石など庭の一部を切り取ることができます。

皐月、紅葉、雪など、どの季節に来ても美しく、静寂とシンプルな美を堪能できます。私もあらゆる季節に訪れていますが、一度として裏切られたことはありません。海外の方たち、ガーデンデザイナーをはじめ、建築家、アーティスト、写真家など、クリエーターたちの目線でもって、この庭は絶賛されてきました。

イサムノグチとの友情

最後に、イサムノグチとの出会いについても触れたいと思います。三玲は、イサムノグチから贈られた角ばったモダンな茶釜を所有していました。京都の重森三玲庭園美術館（旧重森邸）の部屋には、和紙でできたモダンなランプシェードがあります。これも、イサムノグチがデザインしたものです。

1956年、イサムノグチがパリ・ユネスコの庭を手掛けるにあたり、三玲を訪ねたのが初めての出会いでした。三玲が四国の青石を薦めたので、すぐに一緒に四国に渡り、愛媛県保国寺や阿波国分寺庭園などを視察しました。また、吉野川支流に行き、徳島の美しい青石を直接、見たそうです。

ユネスコの庭園では、三玲と同じように、石は一切加工せずに見立てで使いました。三玲の指導で石組を仮組みしているときに、スタッフらと撮った写真が残っています。

やがて、イサムノグチは、庵治石《あじいし》の産地である香川県の牟礼町《むれちょう》にアトリエと住居を構えます。住居は古い日本家屋でした。ニューヨークと行き来しながら、彫刻だけでなく、絵画、造園、インテリアデザイン、作庭、舞台芸術などあらゆる活動をしました。イサムノグチが、重森三玲から受けた影響は多大なものでした。それは、イサムノグチの中にも流れる日本人の血が理解させる、普遍的な美意識というものを、二人で共有したからではないでしょうか。

参考文献

〈読む前に知っておきたい庭園知識〉
『日本庭園』重森千青著／ナツメ社
『図解 庭師が読みとく作庭記』小埜雅章著／学芸出版社

第一章

〈一休禅師と虎丘庭園〉
『日本人のこころの言葉　一休』西村惠信著／創元社
『日本の伝統4　茶の湯』永島福太郎、ジョン・ヤング共著／淡交新社
『薪の里に集いし人々―芸能の転換期と一休禅師―』田邊宗一著／禅文化　２４１号　禅文化研究所
『珠光と一休』薪区文化委員会　一休酬恩会
『酬恩庵一休寺』酬恩庵一休寺
〈宮本武蔵と本松寺庭園〉
『宮本武蔵―「兵法の道」を生きる』魚住孝至著／岩波新書
『宮本武蔵』司馬遼太郎著／朝日文庫
〈スティーブ・ジョブズと西芳寺〉
『スティーブ・ジョブズⅠ・Ⅱ』ウォルター・アイザックソン著／講談社
『ゼン・オブ・スティーブ・ジョブズ』ケイレブ・メルビー著、ジェス3作画／集英社インターナショナル
『禅僧とめぐる京の名庭』枡野俊明著／アスキー新書
テレビ『奇跡の庭　京都・苔寺』ＮＨＫ

column

〈夢窓疎石と瑞泉寺〉
『夢窓疎石　日本庭園を極めた禅僧』枡野俊明著／ＮＨＫブックス
『夢窓疎石の庭と人生』中村蘇人著／創士社
『日本庭園』重森千青著／ナツメ社
『日本の庭園をめぐる旅』ぴあＭＯＯＫ

テレビ『奇跡の庭　京都・苔寺』ＮＨＫ

第二章

〈権力の象徴〉

『庭園に死す』野田正彰著／春秋社

〈空海と神泉苑〉

『最澄と空海』立川武蔵著／角川ソフィア文庫

『空海の風景 上・下』司馬遼太郎著／中公文庫

『マンダラ瞑想法』立川武蔵著／角川選書

『週刊朝日百科　仏教を歩く 空海』朝日新聞出版

『平安京最古の史蹟 東寺真言宗神泉苑』東寺真言宗神泉苑編

『図説 日本庭園のみかた』宮元健次著／学芸出版社

テレビ『マンダラと生きる　第５回　むすびつけるということ―両部マンダラの革新―』ＮＨＫ

〈足利義満と金閣寺〉

『足利義満』小川剛生著／中公新書

『初期室町幕府研究の最前線』亀田俊和編／洋泉社

『禅僧とめぐる京の名庭』枡野俊明著／アスキー新書

『京の庭』重森千青著／ウェッジ

『金閣寺』監修・発行　鹿苑寺

テレビ『歴史秘話ヒストリア「黄金の室町時代 最新研究 足利義満」』ＮＨＫ

〈豊臣秀吉と醍醐寺三宝院〉

『建築家秀吉』宮元健次著／人文書院

『ブラタモリ７ 京都（嵐山・伏見）志摩 伊勢（伊勢神宮・お伊勢参り）』ＮＨＫ「ブラタモリ」制作班監修／角川書店

『歴史でめぐる伏見の旅』「ＴＨＥ伏見」編集部編／淡交社

〈岩崎彌太郎と清澄庭園〉

『小説 岩崎弥太郎』嶋岡晨著／河出文庫

『清澄庭園』北村信正著／東京公園文庫

『清澄庭園 景石・石造物めぐり』龍居庭園研究所監修／ＪＴＢ印刷

『清澄庭園 財閥が築いた名石の庭』内田博之編／東京都公園協会

column
〈**小堀遠州と南禅寺金地院**〉
『小堀遠州　気品と静寂が貫く綺麗さびの庭』野村勘治監修／京都通信社
『京の庭』重森千青著／ウェッジ
『京都 和モダン庭園のひみつ』重森千青著／ウェッジ
『日本庭園』重森千青著／ナツメ社
『日本の10大庭園』重森千青著／祥伝社新書
『禅僧とめぐる京の名庭』枡野俊明著／アスキー新書
『京都とっておきの庭案内』田中昭三著／小学館
『都林泉名勝図会（上）』秋里籬島著／講談社学術文庫

第三章
〈**千利休と大徳寺黄梅院**〉
『千利休』八尾嘉男著／淡交社
『建築家秀吉』宮元健次著／人文書院
『日本の伝統4　茶の湯』永島福太郎、ジョン・ヤング共著／淡交新社
『禅僧とめぐる京の名庭』枡野俊明著／アスキー新書
『京都とっておきの庭案内』田中昭三著／小学館
『淡交別冊 大徳寺とその塔頭』淡交社
〈**水戸光圀と小石川後楽園**〉
『徳川光圀』鈴木暎一著／山川出版社
『小石川後楽園』吉川需、高橋康夫共著／東京公園文庫
『小石川後楽園』内田博之編／東京都公園協会
『「日本庭園」の見方』斎藤忠一監修、田中昭三、『サライ』編集部編／小学館
〈**ブルーノ・タウトと桂離宮**〉
『京都の御所と離宮3　桂離宮』三好和義写真／朝日新聞出版
『桂離宮―ブルーノ・タウトは証言する』宮元健次著／鹿島出版会

『JAPANESE GARDENS　日本庭園』小杉左岐、小杉龍一、小杉文晴、ハマハ・アンドレアス共著／万来舎
『図説 日本庭園のみかた』宮元健次著／学芸出版社
『日本の10大庭園』重森千青著／祥伝社新書
〈稲盛和夫と和輪庵〉
『京セラフィロソフィ』稲盛和夫著／サンマーク出版
『生き方』稲盛和夫著／サンマーク出版
『稲盛和夫 魂の言葉108』稲盛和夫述／宝島社
テレビ『ザ・リーダー／京セラ 創業者 稲盛和夫』ＭＢＳ
稲盛和夫 OFFICIAL SITE　https://www.kyocera.co.jp/inamori/
植彌加藤造園株式会社ＨＰ　https://ueyakato.jp

column

〈七代目小川治兵衛と無鄰菴〉
『植治　七代目小川治兵衛―手を加えた自然にこそ自然がある』白幡洋三郎監修／京都通信社
『京の庭』重森千青著／ウェッジ
『京都 和モダン庭園のひみつ』重森千青著／ウェッジ
『日本庭園』重森千青著／ナツメ社
『日本の10大庭園』重森千青著／祥伝社新書
『京都とっておきの庭案内』田中昭三著／小学館

第四章

〈川端康成と祇王寺〉
『川端康成と東山魁夷』川端香男里、東山すみ監修／求龍堂
『今、ふたたびの京都　東山魁夷を訪ね、川端康成に触れる旅』東山魁夷、川端康成著 平山三男編／求龍堂
『美しさと哀しみと』川端康成著／中公文庫
『京都庭園ガイド』京都歴史文化研究会著／メイツ出版
〈エリザベス女王二世と龍安寺〉
『女王陛下の外交戦略』君塚直隆著／講談社
『龍安寺石庭を推理する』宮元健次著／集英社新書

『京の庭』重森千青著／ウェッジ
『日本の10大庭園』重森千青著／祥伝社新書
『京都とっておきの庭案内』田中昭三著／小学館
『庭園史をあるく 日本・ヨーロッパ編』武居二郎、尼崎博正監修／昭和堂

〈デヴィッド・ボウイと正伝寺〉
『CROSSBEAT Special Edition デヴィッド・ボウイ１９８３－１９８８』大谷英之、美馬亜貴子編／シンコーミュージック・エンタテイメント
『京都庭園ガイド』京都歴史文化研究会著／メイツ出版
『京の庭』重森千青著／ウェッジ
『吉祥山 正伝禅寺』吉祥山 正伝寺
ソニーミュージック オフィシャルサイト https://www.sonymusic.co.jp/artist/DavidBowie/profile/
日本経済新聞「D・ボウイが涙した静寂」 https://www.nikkei.com/article
テレビ『ノンフィクションWデヴィッド・ボウイの愛した京都』WOWWOW

〈安藤忠雄と本福寺〉
『建築家 安藤忠雄』安藤忠雄著／新潮社

column

〈重森三玲と東福寺方丈〉
『重森三玲―永遠のモダンを求めつづけたアヴァンギャルド―』横縁ひろし写真 マレス・エマニュエル編／京都通信社
『京都 和モダン庭園のひみつ』重森千青著／ウェッジ
『京の庭』重森千青著／ウェッジ
『日本庭園』重森千青著／ナツメ社

著者プロフィール

生島あゆみ

Ayumi Ikushima

大阪府出身、甲南大学経営学部卒業後、カナダ・フランス・ドイツに語学と花を学ぶために留学。現在、旅行会社「日本の窓」に勤務し、英・仏の通訳及び通訳案内士の仕事に携わる。日本の文化・歴史（特に庭園と食、香り）を紹介するため、日本庭園デザイナー、フードコーディネーター、嵯峨御流師範の資格を持つ。有名シェフのアテンドや、クラシック音楽関連のテレビ番組でのインタビューも担当。ライフワークとして、フランス風花束レッスンを京都で開催。カンヌ国際映画祭の会場の花装飾にも協力、参加した経験がある。ヨーロッパ（特にフランス）と日本の文化の架け橋となるべく、独自の“おもてなし文化論”を体系化し、講習会やオリジナルツアーを企画・開催中。

著書に、『フランス人はバカンスを我慢しない』（CCCメディアハウス）、『京都観香』（宝島社）がある。

http://ayumiikushima.com

ブックデザイン：竹内雄二

校正：円水社

編集：山崎みお

一流《いちりゅう》と日本庭園《にほんていえん》

2019年4月3日　初版発行

著　者　生島あゆみ

発行者　小林圭太

発行所　株式会社CCCメディアハウス

〒141-8205　東京都品川区上大崎3丁目1番1号

電話　03-5436-5721（販売）

03-5436-5735（編集）

http://books.cccmh.co.jp

印刷・製本　株式会社新藤慶昌堂

ISBN978-4-484-19209-3